ITALIANO
VOCABULÁRIO

PALAVRAS MAIS ÚTEIS

PORTUGUÊS
ITALIANO

Para alargar o seu léxico e apurar
as suas competências linguísticas

5000 palavras

Vocabulário Português-Italiano - 5000 palavras
Por Andrey Taranov

Os vocabulários da T&P Books destinam-se a ajudar a aprender, a memorizar, e a rever palavras estrangeiras. O dicionário é dividido em temas, cobrindo todas as principais esferas de atividades quotidianas, negócios, ciência, cultura, etc.

O processo de aprendizagem, utilizando os dicionários baseados em temáticas da T&P Books dá-lhe as seguintes vantagens:

- Informação de origem corretamente agrupada predetermina o sucesso em fases subsequentes da memorização de palavras
- Disponibilização de palavras derivadas da mesma raiz, o que permite a memorização de unidades de texto (em vez de palavras separadas)
- Pequenas unidades de palavras facilitam o processo de estabelecimento de vínculos associativos necessários para a consolidação do vocabulário
- O nível de conhecimento da língua pode ser estimado pelo número de palavras aprendidas

Copyright © 2019 T&P Books Publishing

Todos os direitos reservados. Nenhuma parte desta publicação pode ser reproduzida, total ou parcialmente, por quaisquer métodos ou processos, sejam eles eletrónicos, mecânicos, de fotocópia ou outros, sem a autorização escrita do editor. Esta publicação não pode ser divulgada, copiada ou distribuída em nenhum formato.

T&P Books Publishing
www.tpbooks.com

ISBN: 978-1-78400-920-5

Este livro também está disponível em formato E-book.
Por favor visite www.tpbooks.com ou as principais livrarias on-line.

VOCABULÁRIO ITALIANO
palavras mais úteis

Os vocabulários da T&P Books destinam-se a ajudar a aprender, a memorizar, e a rever palavras estrangeiras. O vocabulário contém mais de 5000 palavras de uso comum organizadas tematicamente.

O vocabulário contém as palavras mais comummente usadas
Recomendado como adicional para qualquer curso de línguas
Satisfaz as necessidades dos iniciados e dos alunos avançados de línguas estrangeiras
Conveniente para o uso diário, sessões de revisão e atividades de auto-teste
Permite avaliar o seu vocabulário

Características especias do vocabulário

- As palavras estão organizadas de acordo com o seu significado, e não por ordem alfabética
- As palavras são apresentadas em três colunas para facilitar os processos de revisão e auto-teste
- As palavras compostas são divididas em pequenos blocos para facilitar o processo de aprendizagem
- O vocabulário oferece uma transcrição simples e adequada de cada palavra estrangeira

O vocabulário contém 155 tópicos incluindo:

Conceitos básicos, Números, Cores, Meses, Estações do ano, Unidades de medida, Roupas & Acessórios, Alimentos & Nutrição, Restaurante, Membros da Família, Parentes, Caráter, Sentimentos, Emoções, Doenças, Cidade, Passeios, Compras, Dinheiro, Casa, Lar, Escritório, Trabalho no Escritório, Importação & Exportação, Marketing, Pesquisa de Emprego, Desportos, Educação, Computador, Internet, Ferramentas, Natureza, Países, Nacionalidades e muito mais ...

TABELA DE CONTEÚDOS

Guia de pronunciação 9
Abreviaturas 10

CONCEITOS BÁSICOS 12
Conceitos básicos. Parte 1 12

1. Pronomes 12
2. Cumprimentos. Saudações. Despedidas 12
3. Como se dirigir a alguém 13
4. Números cardinais. Parte 1 13
5. Números cardinais. Parte 2 14
6. Números ordinais 15
7. Números. Frações 15
8. Números. Operações básicas 15
9. Números. Diversos 15
10. Os verbos mais importantes. Parte 1 16
11. Os verbos mais importantes. Parte 2 17
12. Os verbos mais importantes. Parte 3 18
13. Os verbos mais importantes. Parte 4 19
14. Cores 19
15. Questões 20
16. Preposições 21
17. Palavras funcionais. Advérbios. Parte 1 21
18. Palavras funcionais. Advérbios. Parte 2 23

Conceitos básicos. Parte 2 25

19. Dias da semana 25
20. Horas. Dia e noite 25
21. Meses. Estações 26
22. Unidades de medida 28
23. Recipientes 29

O SER HUMANO 30
O ser humano. O corpo 30

24. Cabeça 30
25. Corpo humano 31

Vestuário & Acessórios 32

26. Roupa exterior. Casacos 32
27. Vestuário de homem & mulher 32

28.	Vestuário. Roupa interior	33
29.	Adereços de cabeça	33
30.	Calçado	33
31.	Acessórios pessoais	34
32.	Vestuário. Diversos	34
33.	Cuidados pessoais. Cosméticos	35
34.	Relógios de pulso. Relógios	36

Alimentação. Nutrição   37

35.	Comida	37
36.	Bebidas	38
37.	Vegetais	39
38.	Frutos. Nozes	40
39.	Pão. Bolaria	41
40.	Pratos cozinhados	41
41.	Especiarias	42
42.	Refeições	43
43.	Por a mesa	44
44.	Restaurante	44

Família, parentes e amigos   45

45.	Informação pessoal. Formulários	45
46.	Membros da família. Parentes	45

Medicina   47

47.	Doenças	47
48.	Sintomas. Tratamentos. Parte 1	48
49.	Sintomas. Tratamentos. Parte 2	49
50.	Sintomas. Tratamentos. Parte 3	50
51.	Médicos	51
52.	Medicina. Drogas. Acessórios	51

HABITAT HUMANO   53
Cidade   53

53.	Cidade. Vida na cidade	53
54.	Instituições urbanas	54
55.	Sinais	55
56.	Transportes urbanos	56
57.	Turismo	57
58.	Compras	58
59.	Dinheiro	59
60.	Correios. Serviço postal	60

Moradia. Casa. Lar   61

61.	Casa. Eletricidade	61

62. Moradia. Mansão	61
63. Apartamento	61
64. Mobiliário. Interior	62
65. Quarto de dormir	63
66. Cozinha	63
67. Casa de banho	64
68. Eletrodomésticos	65

ATIVIDADES HUMANAS	**66**
Emprego. Negócios. Parte 1	**66**
69. Escritório. O trabalho no escritório	66
70. Processos negociais. Parte 1	67
71. Processos negociais. Parte 2	68
72. Produção. Trabalhos	69
73. Contrato. Acordo	70
74. Importação & Exportação	71
75. Finanças	71
76. Marketing	72
77. Publicidade	73
78. Banca	73
79. Telefone. Conversação telefónica	74
80. Telefone móvel	75
81. Estacionário	75
82. Tipos de negócios	76

Emprego. Negócios. Parte 2	**78**
83. Espetáculo. Feira	78
84. Ciência. Investigação. Cientistas	79

Profissões e ocupações	**81**
85. Procura de emprego. Demissão	81
86. Gente de negócios	81
87. Profissões de serviços	82
88. Profissões militares e postos	83
89. Oficiais. Padres	84
90. Profissões agrícolas	84
91. Profissões artísticas	85
92. Várias profissões	85
93. Ocupações. Estatuto social	87

Educação	**88**
94. Escola	88
95. Colégio. Universidade	89
96. Ciências. Disciplinas	90
97. Sistema de escrita. Ortografia	90
98. Línguas estrangeiras	91

Descanso. Entretenimento. Viagens	93
99. Viagens	93
100. Hotel	93

EQUIPAMENTO TÉCNICO. TRANSPORTES — 95
Equipamento técnico. Transportes — 95

101. Computador	95
102. Internet. E-mail	96
103. Eletricidade	97
104. Ferramentas	97

Transportes — 100

105. Avião	100
106. Comboio	101
107. Barco	102
108. Aeroporto	103

Eventos — 105

109. Férias. Evento	105
110. Funerais. Enterro	106
111. Guerra. Soldados	106
112. Guerra. Ações militares. Parte 1	107
113. Guerra. Ações militares. Parte 2	109
114. Armas	110
115. Povos da antiguidade	112
116. Idade média	112
117. Líder. Chefe. Autoridades	114
118. Viloação da lei. Criminosos. Parte 1	115
119. Viloação da lei. Criminosos. Parte 2	116
120. Polícia. Lei. Parte 1	117
121. Polícia. Lei. Parte 2	118

NATUREZA — 120
A Terra. Parte 1 — 120

122. Espaço sideral	120
123. A Terra	121
124. Pontos cardeais	122
125. Mar. Oceano	122
126. Nomes de Mares e Oceanos	123
127. Montanhas	124
128. Nomes de montanhas	125
129. Rios	125
130. Nomes de rios	126
131. Floresta	126
132. Recursos naturais	127

A Terra. Parte 2   129

133. Tempo   129
134. Tempo extremo. Catástrofes naturais   130

Fauna   131

135. Mamíferos. Predadores   131
136. Animais selvagens   131
137. Animais domésticos   132
138. Pássaros   133
139. Peixes. Animais marinhos   135
140. Amfíbios. Répteis   135
141. Insetos   136

Flora   137

142. Árvores   137
143. Arbustos   137
144. Frutos. Bagas   138
145. Flores. Plantas   139
146. Cereais, grãos   140

PAÍSES. NACIONALIDADES   141

147. Europa Ocidental   141
148. Europa Central e de Leste   141
149. Países da ex-URSS   142
150. Asia   142
151. América do Norte   143
152. América Central do Sul   143
153. Africa   143
154. Austrália. Oceania   144
155. Cidades   144

GUIA DE PRONUNCIAÇÃO

Alfabeto fonético T&P	Exemplo Italiano	Exemplo Português
[a]	casco ['kasko]	chamar
[e]	sfera ['sfera]	metal
[i]	filo ['filo]	sinónimo
[o]	dolce ['doltʃe]	lobo
[u]	siluro [si'luro]	bonita
[y]	würstel ['vyrstel]	questionar
[b]	busta ['busta]	barril
[d]	andare [an'dare]	dentista
[dz]	zinco ['dzinko]	pizza
[dʒ]	Norvegia [nor'vedʒa]	adjetivo
[ʒ]	garage [ga'raʒ]	talvez
[f]	ferrovia [ferro'via]	safári
[g]	ago ['ago]	gosto
[k]	cocktail ['koktejl]	kiwi
[j]	piazza ['pjattsa]	géiser
[l]	olive [o'live]	libra
[ʎ]	figlio ['fiʎʎo]	barulho
[m]	mosaico [mo'zaiko]	magnólia
[n]	treno ['treno]	natureza
[ŋ]	granchio ['graŋkio]	alcançar
[ɲ]	magnete [ma'ɲete]	ninhada
[p]	pallone [pal'lone]	presente
[r]	futuro [fu'turo]	riscar
[s]	triste ['triste]	sanita
[ʃ]	piscina [pi'ʃina]	mês
[t]	estintore [estin'tore]	tulipa
[ts]	spezie ['spetsie]	tsé-tsé
[tʃ]	lancia ['lantʃa]	Tchau!
[v]	volo ['volo]	fava
[w]	whisky ['wiski]	página web
[z]	deserto [de'zerto]	sésamo

ABREVIATURAS
usadas no vocabulário

Abreviaturas do Português

adj	-	adjetivo
adv	-	advérbio
anim.	-	animado
conj.	-	conjunção
desp.	-	desporto
etc.	-	etecetra
ex.	-	por exemplo
f	-	nome feminino
f pl	-	feminino plural
fem.	-	feminino
inanim.	-	inanimado
m	-	nome masculino
m pl	-	masculino plural
m, f	-	masculino, feminino
masc.	-	masculino
mat.	-	matemática
mil.	-	militar
pl	-	plural
prep.	-	preposição
pron.	-	pronome
sb.	-	sobre
sing.	-	singular
v aux	-	verbo auxiliar
vi	-	verbo intransitivo
vi, vt	-	verbo intransitivo, transitivo
vr	-	verbo reflexivo
vt	-	verbo transitivo

Abreviaturas do Italiano

agg	-	adjetivo
f	-	nome feminino
f pl	-	feminino plural
m	-	nome masculino
m pl	-	masculino plural
m, f	-	masculino, feminino
pl	-	plural
v aus	-	verbo auxiliar

vi	-	verbo intransitivo
vi, vt	-	verbo intransitivo, transitivo
vr	-	verbo reflexivo
vt	-	verbo transitivo

CONCEITOS BÁSICOS

Conceitos básicos. Parte 1

1. Pronomes

eu	io	['io]
tu	tu	['tu]
ele	lui	['luj]
ela	lei	['lej]
nós	noi	['noj]
vocês	voi	['voi]
eles, elas	loro, essi	['loro], ['essi]

2. Cumprimentos. Saudações. Despedidas

Olá!	Buongiorno!	[buon'dʒorno]
Bom dia! (formal)	Salve!	['salve]
Bom dia! (de manhã)	Buongiorno!	[buon'dʒorno]
Boa tarde!	Buon pomeriggio!	[bu'on pome'ridʒo]
Boa noite!	Buonasera!	[buona'sera]
cumprimentar (vt)	salutare (vt)	[salu'tare]
Olá!	Ciao! Salve!	['tʃao], ['salve]
saudação (f)	saluto (m)	[sa'luto]
saudar (vt)	salutare (vt)	[salu'tare]
Como vai?	Come va?	['kome 'va]
O que há de novo?	Che c'è di nuovo?	[ke tʃe di nu'ovo]
Até à vista!	Arrivederci!	[arrive'dertʃi]
Até breve!	A presto!	[a 'presto]
Adeus!	Addio!	[ad'dio]
despedir-se (vr)	congedarsi (vr)	[kondʒe'darsi]
Até logo!	Ciao!	['tʃao]
Obrigado! -a!	Grazie!	['gratsie]
Muito obrigado! -a!	Grazie mille!	['gratsie 'mille]
De nada	Prego	['prego]
Não tem de quê	Non c'è di che!	[non tʃe di 'ke]
De nada	Di niente	[di 'njente]
Desculpa!	Scusa!	['skuza]
Desculpe!	Scusi!	['skuzi]
desculpar (vt)	scusare (vt)	[sku'zare]
desculpar-se (vr)	scusarsi (vr)	[sku'zarsi]

As minhas desculpas	Chiedo scusa	['kjedo 'skuza]
Desculpe!	Mi perdoni!	[mi per'doni]
perdoar (vt)	perdonare (vt)	[perdo'nare]
Não faz mal	Non fa niente	[non fa 'njente]
por favor	per favore	[per fa'vore]
Não se esqueça!	Non dimentichi!	[non di'mentiki]
Certamente! Claro!	Certamente!	[ʧerta'mente]
Claro que não!	Certamente no!	[ʧerta'mente no]
Está bem! De acordo!	D'accordo!	[dak'kordo]
Basta!	Basta!	['basta]

3. Como se dirigir a alguém

senhor	signore	[si'ɲore]
senhora	signora	[si'ɲora]
rapariga	signorina	[siɲo'rina]
rapaz	signore	[si'ɲore]
menino	ragazzo	[ra'gattso]
menina	ragazza	[ra'gattsa]

4. Números cardinais. Parte 1

zero	zero (m)	['dzero]
um	uno	['uno]
dois	due	['due]
três	tre	['tre]
quatro	quattro	['kwattro]
cinco	cinque	['ʧinkwe]
seis	sei	['sej]
sete	sette	['sette]
oito	otto	['otto]
nove	nove	['nove]
dez	dieci	['djeʧi]
onze	undici	['undiʧi]
doze	dodici	['dodiʧi]
treze	tredici	['trediʧi]
catorze	quattordici	[kwat'tordiʧi]
quinze	quindici	['kwindiʧi]
dezasseis	sedici	['sediʧi]
dezassete	diciassette	[diʧas'sette]
dezoito	diciotto	[di'ʧotto]
dezanove	diciannove	[diʧan'nove]
vinte	venti	['venti]
vinte e um	ventuno	[ven'tuno]
vinte e dois	ventidue	['venti 'due]
vinte e três	ventitre	['venti 'tre]
trinta	trenta	['trenta]

trinta e um	trentuno	[tren'tuno]
trinta e dois	trentadue	[trenta 'due]
trinta e três	trentatre	[trenta 'tre]

quarenta	quaranta	[kwa'ranta]
quarenta e um	quarantuno	[kwa'rant'uno]
quarenta e dois	quarantadue	[kwa'ranta 'due]
quarenta e três	quarantatre	[kwa'ranta 'tre]

cinquenta	cinquanta	[tʃin'kwanta]
cinquenta e um	cinquantuno	[tʃin'kwant'uno]
cinquenta e dois	cinquantadue	[tʃin'kwanta 'due]
cinquenta e três	cinquantatre	[tʃin'kwanta 'tre]

sessenta	sessanta	[ses'santa]
sessenta e um	sessantuno	[sessan'tuno]
sessenta e dois	sessantadue	[ses'santa 'due]
sessenta e três	sessantatre	[ses'santa 'tre]

setenta	settanta	[set'tanta]
setenta e um	settantuno	[settan'tuno]
setenta e dois	settantadue	[set'tanta 'due]
setenta e três	settantatre	[set'tanta 'tre]

oitenta	ottanta	[ot'tanta]
oitenta e um	ottantuno	[ottan'tuno]
oitenta e dois	ottantadue	[ot'tanta 'due]
oitenta e três	ottantatre	[ot'tanta 'tre]

noventa	novanta	[no'vanta]
noventa e um	novantuno	[novan'tuno]
noventa e dois	novantadue	[no'vanta 'due]
noventa e três	novantatre	[no'vanta 'tre]

5. Números cardinais. Parte 2

cem	cento	['tʃento]
duzentos	duecento	[due'tʃento]
trezentos	trecento	[tre'tʃento]
quatrocentos	quattrocento	[kwattro'tʃento]
quinhentos	cinquecento	[tʃinkwe'tʃento]

seiscentos	seicento	[sej'tʃento]
setecentos	settecento	[sette'tʃento]
oitocentos	ottocento	[otto'tʃento]
novecentos	novecento	[nove'tʃento]

mil	mille	['mille]
dois mil	duemila	[due'mila]
De quem são ...?	tremila	[tre'mila]
dez mil	diecimila	['djetʃi 'mila]
cem mil	centomila	[tʃento'mila]
um milhão	milione (m)	[mi'ljone]
mil milhões	miliardo (m)	[mi'ljardo]

6. Números ordinais

primeiro	primo	['primo]
segundo	secondo	[se'kondo]
terceiro	terzo	['tertso]
quarto	quarto	['kwarto]
quinto	quinto	['kwinto]
sexto	sesto	['sesto]
sétimo	settimo	['settimo]
oitavo	ottavo	[ot'tavo]
nono	nono	['nono]
décimo	decimo	['detʃimo]

7. Números. Frações

fração (f)	frazione (f)	[fra'tsjone]
um meio	un mezzo	[un 'meddzo]
um terço	un terzo	[un 'tertso]
um quarto	un quarto	[un 'kwarto]
um oitavo	un ottavo	[un ot'tavo]
um décimo	un decimo	[un 'detʃimo]
dois terços	due terzi	['due 'tertsi]
três quartos	tre quarti	[tre 'kwarti]

8. Números. Operações básicas

subtração (f)	sottrazione (f)	[sottra'tsjone]
subtrair (vi, vt)	sottrarre (vt)	[sot'trarre]
divisão (f)	divisione (f)	[divi'zjone]
dividir (vt)	dividere (vt)	[di'videre]
adição (f)	addizione (f)	[addi'tsjone]
somar (vt)	addizionare (vt)	[additsjo'nare]
adicionar (vt)	addizionare (vt)	[additsjo'nare]
multiplicação (f)	moltiplicazione (f)	[moltiplika'tsjone]
multiplicar (vt)	moltiplicare (vt)	[moltipli'kare]

9. Números. Diversos

algarismo, dígito (m)	cifra (f)	['tʃifra]
número (m)	numero (m)	['numero]
numeral (m)	numerale (m)	[nume'rale]
menos (m)	meno (m)	['meno]
mais (m)	più (m)	['pju]
fórmula (f)	formula (f)	['formula]
cálculo (m)	calcolo (m)	['kalkolo]
contar (vt)	contare (vt)	[kon'tare]

calcular (vt)	calcolare (vt)	[kalko'lare]
comparar (vt)	comparare (vt)	[kompa'rare]
Quanto?	Quanto?	['kwanto]
Quantos? -as?	Quanti?	['kwanti]
soma (f)	somma (f)	['somma]
resultado (m)	risultato (m)	[rizul'tato]
resto (m)	resto (m)	['resto]
alguns, algumas ...	qualche ...	['kwalke]
um pouco de ...	un po'di ...	[un po di]
resto (m)	resto (m)	['resto]
um e meio	uno e mezzo	['uno e 'meddzo]
dúzia (f)	dozzina (f)	[dod'dzina]
ao meio	in due	[in 'due]
em partes iguais	in parti uguali	[in 'parti u'gwali]
metade (f)	metà (f), mezzo (m)	[me'ta], ['meddzo]
vez (f)	volta (f)	['volta]

10. Os verbos mais importantes. Parte 1

abrir (vt)	aprire (vt)	[a'prire]
acabar, terminar (vt)	finire (vt)	[fi'nire]
aconselhar (vt)	consigliare (vt)	[konsiʎ'ʎare]
adivinhar (vt)	indovinare (vt)	[indovi'nare]
advertir (vt)	avvertire (vt)	[avver'tire]
ajudar (vt)	aiutare (vt)	[aju'tare]
almoçar (vi)	pranzare (vi)	[pran'tsare]
alugar (~ um apartamento)	affittare (vt)	[affit'tare]
amar (vt)	amare qn	[a'mare]
ameaçar (vt)	minacciare (vt)	[mina'tʃare]
anotar (escrever)	annotare (vt)	[anno'tare]
apanhar (vt)	afferrare (vt)	[affer'rare]
apressar-se (vr)	avere fretta	[a'vere 'fretta]
arrepender-se (vr)	rincrescere (vi)	[rin'kreʃere]
assinar (vt)	firmare (vt)	[fir'mare]
atirar, disparar (vi)	sparare (vi)	[spa'rare]
brincar (vi)	scherzare (vi)	[sker'tsare]
brincar, jogar (crianças)	giocare (vi)	[dʒo'kare]
buscar (vt)	cercare (vt)	[tʃer'kare]
caçar (vi)	cacciare (vt)	[ka'tʃare]
cair (vi)	cadere (vi)	[ka'dere]
cavar (vt)	scavare (vt)	[ska'vare]
cessar (vt)	cessare (vt)	[tʃes'sare]
chamar (~ por socorro)	chiamare (vt)	[kja'mare]
chegar (vi)	arrivare (vi)	[arri'vare]
chorar (vi)	piangere (vi)	['pjandʒere]
começar (vt)	cominciare (vt)	[komin'tʃare]

comparar (vt)	comparare (vt)	[kompa'rare]
compreender (vt)	capire (vt)	[ka'pire]
concordar (vi)	essere d'accordo	['essere dak'kordo]
confiar (vt)	fidarsi (vr)	[fi'darsi]
confundir (equivocar-se)	confondere (vt)	[kon'fondere]
conhecer (vt)	conoscere	[ko'noʃere]
contar (fazer contas)	contare (vt)	[kon'tare]
contar com (esperar)	contare su ...	[kon'tare su]
continuar (vt)	continuare (vt)	[kontinu'are]
controlar (vt)	controllare (vt)	[kontrol'lare]
convidar (vt)	invitare (vt)	[invi'tare]
correr (vi)	correre (vi)	['korrere]
criar (vt)	creare (vt)	[kre'are]
custar (vt)	costare (vt)	[ko'stare]

11. Os verbos mais importantes. Parte 2

dar (vt)	dare (vt)	['dare]
dar uma dica	dare un suggerimento	[dare un sudʒeri'mento]
decorar (enfeitar)	decorare (vt)	[deko'rare]
defender (vt)	difendere (vt)	[di'fendere]
deixar cair (vt)	lasciar cadere	[la'ʃar ka'dere]
descer (para baixo)	scendere (vi)	['ʃendere]
desculpar (vt)	battaglia (f)	[bat'taʎʎa]
desculpar-se (vr)	scusarsi (vr)	[sku'zarsi]
dirigir (~ uma empresa)	dirigere (vt)	[di'ridʒere]
discutir (notícias, etc.)	discutere (vt)	[di'skutere]
dizer (vt)	dire (vt)	['dire]
duvidar (vt)	dubitare (vi)	[dubi'tare]
encontrar (achar)	trovare (vt)	[tro'vare]
enganar (vt)	ingannare (vt)	[ingan'nare]
entrar (na sala, etc.)	entrare (vi)	[en'trare]
enviar (uma carta)	mandare (vt)	[man'dare]
errar (equivocar-se)	sbagliare (vi)	[zbaʎ'ʎare]
escolher (vt)	scegliere (vt)	['ʃeʎʎere]
esconder (vt)	nascondere (vt)	[na'skondere]
escrever (vt)	scrivere (vt)	['skrivere]
esperar (o autocarro, etc.)	aspettare (vt)	[aspet'tare]
esperar (ter esperança)	sperare (vi, vt)	[spe'rare]
esquecer (vt)	dimenticare (vt)	[dimenti'kare]
estudar (vt)	studiare (vt)	[stu'djare]
exigir (vt)	esigere (vt)	[e'zidʒere]
existir (vi)	esistere (vi)	[e'zistere]
explicar (vt)	spiegare (vt)	[spje'gare]
falar (vi)	parlare (vi, vt)	[par'lare]
faltar (clases, etc.)	mancare le lezioni	[man'kare le le'tsjoni]
fazer (vt)	fare (vt)	['fare]

ficar em silêncio	tacere (vi)	[ta'tʃere]
gabar-se, jactar-se (vr)	vantarsi (vr)	[van'tarsi]
gostar (apreciar)	piacere (vi)	[pja'tʃere]
guardar (cartas, etc.)	conservare (vt)	[konser'vare]
informar (vt)	informare (vt)	[infor'mare]
insistir (vi)	insistere (vi)	[in'sistere]
insultar (vt)	insultare (vt)	[insul'tare]
interessar-se (vr)	interessarsi di …	[interes'sarsi di]
ir (a pé)	andare (vi)	[an'dare]
jantar (vi)	cenare (vi)	[tʃe'nare]

12. Os verbos mais importantes. Parte 3

ler (vt)	leggere (vi, vt)	['ledʒere]
libertar (cidade, etc.)	liberare (vt)	[libe'rare]
matar (vt)	uccidere (vt)	[u'tʃidere]
mencionar (vt)	menzionare (vt)	[mentsjo'nare]
mostrar (vt)	mostrare (vt)	[mo'strare]
mudar (modificar)	cambiare (vt)	[kam'bjare]
nadar (vi)	nuotare (vi)	[nuo'tare]
negar-se a …	rifiutarsi (vr)	[rifju'tarsi]
objetar (vt)	obiettare (vt)	[objet'tare]
observar (vt)	osservare (vt)	[osser'vare]
ordenar (mil.)	ordinare (vt)	[ordi'nare]
ouvir (vt)	sentire (vt)	[sen'tire]
pagar (vt)	pagare (vi, vt)	[pa'gare]
parar (vi)	fermarsi (vr)	[fer'marsi]
participar (vi)	partecipare (vi)	[partetʃi'pare]
pedir (comida)	ordinare (vt)	[ordi'nare]
pedir (um favor, etc.)	chiedere, domandare	['kjedere], [doman'dare]
pegar (tomar)	prendere (vt)	['prendere]
pensar (vt)	pensare (vi, vt)	[pen'sare]
perceber (ver)	accorgersi (vr)	[ak'kordʒersi]
perdoar (vt)	perdonare (vt)	[perdo'nare]
perguntar (vt)	chiedere, domandare	['kjedere], [doman'dare]
permitir (vt)	permettere (vt)	[per'mettere]
pertencer a …	appartenere (vi)	[apparte'nere]
planear (vt)	pianificare (vt)	[pjanifi'kare]
poder (vi)	potere (v aus)	[po'tere]
possuir (vt)	possedere (vt)	[posse'dere]
preferir (vt)	preferire (vt)	[prefe'rire]
preparar (vt)	cucinare (vi)	[kutʃi'nare]
prever (vt)	prevedere (vt)	[preve'dere]
prometer (vt)	promettere (vt)	[pro'mettere]
pronunciar (vt)	pronunciare (vt)	[pronun'tʃare]
propor (vt)	proporre (vt)	[pro'porre]
punir (castigar)	punire (vt)	[pu'nire]

13. Os verbos mais importantes. Parte 4

quebrar (vt)	rompere (vt)	['rompere]
queixar-se (vr)	lamentarsi (vr)	[lamen'tarsi]
querer (desejar)	volere (vt)	[vo'lere]
recomendar (vt)	raccomandare (vt)	[rakkoman'dare]
repetir (dizer outra vez)	ripetere (vt)	[ri'petere]
repreender (vt)	sgridare (vt)	[zgri'dare]
reservar (~ um quarto)	riservare (vt)	[rizer'vare]
responder (vt)	rispondere (vi, vt)	[ris'pondere]
rezar, orar (vi)	pregare (vi, vt)	[pre'gare]
rir (vi)	ridere (vi)	['ridere]
roubar (vt)	rubare (vt)	[ru'bare]
saber (vt)	sapere (vt)	[sa'pere]
sair (~ de casa)	uscire (vi)	[u'ʃire]
salvar (vt)	salvare (vt)	[sal'vare]
seguir ...	seguire (vt)	[se'gwire]
sentar-se (vr)	sedersi (vr)	[se'dersi]
ser necessário	occorrere	[ok'korrere]
ser, estar	essere (vi)	['essere]
significar (vt)	significare (vt)	[siɲifi'kare]
sorrir (vi)	sorridere (vi)	[sor'ridere]
subestimar (vt)	sottovalutare (vt)	[sottovalu'tare]
surpreender-se (vr)	stupirsi (vr)	[stu'pirsi]
tentar (vt)	tentare (vt)	[ten'tare]
ter (vt)	avere (vt)	[a'vere]
ter fome	avere fame	[a'vere 'fame]
ter medo	avere paura	[a'vere pa'ura]
ter sede	avere sete	[a'vere 'sete]
tocar (com as mãos)	toccare (vt)	[tok'kare]
tomar o pequeno-almoço	fare colazione	['fare kola'tsjone]
trabalhar (vi)	lavorare (vi)	[lavo'rare]
traduzir (vt)	tradurre (vt)	[tra'durre]
unir (vt)	unire (vt)	[u'nire]
vender (vt)	vendere (vt)	['vendere]
ver (vt)	vedere (vt)	[ve'dere]
virar (ex. ~ à direita)	girare (vi)	[dʒi'rare]
voar (vi)	volare (vi)	[vo'lare]

14. Cores

cor (f)	colore (m)	[ko'lore]
matiz (m)	sfumatura (f)	[sfuma'tura]
tom (m)	tono (m)	['tono]
arco-íris (m)	arcobaleno (m)	[arkoba'leno]
branco	bianco	['bjanko]

preto	nero	['nero]
cinzento	grigio	['gridʒo]
verde	verde	['verde]
amarelo	giallo	['dʒallo]
vermelho	rosso	['rosso]
azul	blu	['blu]
azul claro	azzurro	[ad'dzurro]
rosa	rosa	['roza]
laranja	arancione	[aran'tʃone]
violeta	violetto	[vio'letto]
castanho	marrone	[mar'rone]
dourado	d'oro	['doro]
prateado	argenteo	[ar'dʒenteo]
bege	beige	[beʒ]
creme	color crema	[ko'lor 'krema]
turquesa	turchese	[tur'keze]
vermelho cereja	rosso ciliegia (f)	['rosso tʃi'ljedʒa]
lilás	lilla	['lilla]
carmesim	rosso lampone	['rosso lam'pone]
claro	chiaro	['kjaro]
escuro	scuro	['skuro]
vivo	vivo, vivido	['vivo], ['vivido]
de cor	colorato	[kolo'rato]
a cores	a colori	[a ko'lori]
preto e branco	bianco e nero	['bjanko e 'nero]
unicolor	in tinta unita	[in 'tinta u'nita]
multicor	multicolore	[multiko'lore]

15. Questões

Quem?	Chi?	[ki]
Que?	Che cosa?	[ke 'koza]
Onde?	Dove?	['dove]
Para onde?	Dove?	['dove]
De onde?	Di dove?, Da dove?	[di 'dove], [da 'dove]
Quando?	Quando?	['kwando]
Para quê?	Perché?	[per'ke]
Porquê?	Perché?	[per'ke]
Para quê?	Per che cosa?	[per ke 'koza]
Como?	Come?	['kome]
Qual?	Che?	[ke]
Qual? (entre dois ou mais)	Quale?	['kwale]
A quem?	A chi?	[a 'ki]
Sobre quem?	Di chi?	[di 'ki]
Do quê?	Di che cosa?	[di ke 'koza]
Com quem?	Con chi?	[kon 'ki]

Quantos? -as?	**Quanti?**	['kwanti]
Quanto?	**Quanto?**	['kwanto]
De quem? (masc.)	**Di chi?**	[di 'ki]

16. Preposições

com (prep.)	**con**	[kon]
sem (prep.)	**senza**	['sentsa]
a, para (exprime lugar)	**a**	[a]
sobre (ex. falar ~)	**di**	[di]
antes de ...	**prima di ...**	['prima di]
diante de ...	**di fronte a ...**	[di 'fronte a]
sob (debaixo de)	**sotto**	['sotto]
sobre (em cima de)	**sopra**	['sopra]
sobre (~ a mesa)	**su**	[su]
de (vir ~ Lisboa)	**da, di**	[da], [di]
de (feito ~ pedra)	**di**	[di]
dentro de (~ dez minutos)	**fra ...**	[fra]
por cima de ...	**attraverso**	[attra'verso]

17. Palavras funcionais. Advérbios. Parte 1

Onde?	**Dove?**	['dove]
aqui	**qui**	[kwi]
lá, ali	**lì**	[li]
em algum lugar	**da qualche parte**	[da 'kwalke 'parte]
em lugar nenhum	**da nessuna parte**	[da nes'suna 'parte]
ao pé de ...	**vicino a ...**	[vi'tʃino a]
ao pé da janela	**vicino alla finestra**	[vi'tʃino 'alla fi'nestra]
Para onde?	**Dove?**	['dove]
para cá	**di qui**	[di kwi]
para lá	**ci**	[tʃi]
daqui	**da qui**	[da kwi]
de lá, dali	**da lì**	[da 'li]
perto	**vicino, accanto**	[vi'tʃino], [a'kanto]
longe	**lontano**	[lon'tano]
perto de ...	**vicino a ...**	[vi'tʃino a]
ao lado de	**vicino**	[vi'tʃino]
perto, não fica longe	**non lontano**	[non lon'tano]
esquerdo	**sinistro**	[si'nistro]
à esquerda	**a sinistra**	[a si'nistra]
para esquerda	**a sinistra**	[a si'nistra]
direito	**destro**	['destro]
à direita	**a destra**	[a 'destra]

para direita	a destra	[a 'destra]
à frente	davanti	[da'vanti]
da frente	anteriore	[ante'rjore]
em frente (para a frente)	avanti	[a'vanti]

atrás de ...	dietro	['djetro]
por detrás (vir ~)	da dietro	[da 'djetro]
para trás	indietro	[in'djetro]

| meio (m), metade (f) | mezzo (m), centro (m) | ['meddzo], ['tʃentro] |
| no meio | in mezzo, al centro | [in 'meddzo], [al 'tʃentro] |

de lado	di fianco	[di 'fjanko]
em todo lugar	dappertutto	[dapper'tutto]
ao redor (olhar ~)	attorno	[at'torno]

de dentro	da dentro	[da 'dentro]
para algum lugar	da qualche parte	[da 'kwalke 'parte]
diretamente	dritto	['dritto]
de volta	indietro	[in'djetro]

| de algum lugar | da qualsiasi parte | [da kwal'siazi 'parte] |
| de um lugar | da qualche posto | [da 'kwalke 'posto] |

em primeiro lugar	in primo luogo	[in 'primo lu'ogo]
em segundo lugar	in secondo luogo	[in se'kondo lu'ogo]
em terceiro lugar	in terzo luogo	[in 'tertso lu'ogo]

de repente	all'improvviso	[all improv'vizo]
no início	all'inizio	[all i'nitsio]
pela primeira vez	per la prima volta	[per la 'prima 'volta]
muito antes de ...	molto tempo prima di ...	['molto 'tempo 'prima di]
de novo, novamente	di nuovo	[di nu'ovo]
para sempre	per sempre	[per 'sempre]

nunca	mai	[maj]
de novo	ancora	[an'kora]
agora	adesso	[a'desso]
frequentemente	spesso	['spesso]
então	allora	[al'lora]
urgentemente	urgentemente	[urdʒente'mente]
usualmente	di solito	[di 'solito]

a propósito, ...	a proposito, ...	[a pro'pozito]
é possível	è possibile	[e pos'sibile]
provavelmente	probabilmente	[probabil'mente]
talvez	forse	['forse]
além disso, ...	inoltre ...	[i'noltre]
por isso ...	ecco perché ...	['ekko per'ke]
apesar de ...	nonostante	[nono'stante]
graças a ...	grazie a ...	['gratsie a]

que (pron.)	che cosa	[ke 'koza]
que (conj.)	che	[ke]
algo	qualcosa	[kwal'koza]
alguma coisa	qualcosa	[kwal'koza]

nada	niente	['njente]
quem	chi	[ki]
alguém (~ teve uma ideia ...)	qualcuno	[kwal'kuno]
alguém	qualcuno	[kwal'kuno]
ninguém	nessuno	[nes'suno]
para lugar nenhum	da nessuna parte	[da nes'suna 'parte]
de ninguém	di nessuno	[di nes'suno]
de alguém	di qualcuno	[di kwal'kuno]
tão	così	[ko'zi]
também (gostaria ~ de ...)	anche	['aŋke]
também (~ eu)	anche, pure	['aŋke], ['pure]

18. Palavras funcionais. Advérbios. Parte 2

Porquê?	Perché?	[per'ke]
por alguma razão	per qualche ragione	[per 'kwalke ra'dʒone]
porque ...	perché ...	[per'ke]
por qualquer razão	per qualche motivo	[per 'kwalke mo'tivo]
e (tu ~ eu)	e	[e]
ou (ser ~ não ser)	o ...	[o]
mas (porém)	ma	[ma]
para (~ a minha mãe)	per	[per]
demasiado, muito	troppo	['troppo]
só, somente	solo	['solo]
exatamente	esattamente	[ezatta'mente]
cerca de (~ 10 kg)	circa	['tʃirka]
aproximadamente	approssimativamente	[approsimativa'mente]
aproximado	approssimativo	[approssima'tivo]
quase	quasi	['kwazi]
resto (m)	resto (m)	['resto]
cada	ogni	['oɲi]
qualquer	qualsiasi	[kwal'siazi]
muitos, muitas	molti	['molti]
muito	molto	['molto]
muitas pessoas	molta gente	['molta 'dʒente]
todos	tutto, tutti	['tutto], ['tutti]
em troca de ...	in cambio di ...	[in 'kambio di]
em troca	in cambio	[in 'kambio]
à mão	a mano	[a 'mano]
pouco provável	poco probabile	['poko pro'babile]
provavelmente	probabilmente	[probabil'mente]
de propósito	apposta	[ap'posta]
por acidente	per caso	[per 'kazo]
muito	molto	['molto]
por exemplo	per esempio	[per e'zempjo]

entre	**fra**	[fra]
entre (no meio de)	**fra**	[fra]
tanto	**tanto**	['tanto]
especialmente	**soprattutto**	[sopra'tutto]

Conceitos básicos. Parte 2

19. Dias da semana

segunda-feira (f)	lunedì (m)	[lune'di]
terça-feira (f)	martedì (m)	[marte'di]
quarta-feira (f)	mercoledì (m)	[merkole'di]
quinta-feira (f)	giovedì (m)	[dʒove'di]
sexta-feira (f)	venerdì (m)	[vener'di]
sábado (m)	sabato (m)	['sabato]
domingo (m)	domenica (f)	[do'menika]
hoje	oggi	['odʒi]
amanhã	domani	[do'mani]
depois de amanhã	dopodomani	[dopodo'mani]
ontem	ieri	['jeri]
anteontem	l'altro ieri	['laltro 'jeri]
dia (m)	giorno (m)	['dʒorno]
dia (m) de trabalho	giorno (m) lavorativo	['dʒorno lavora'tivo]
feriado (m)	giorno (m) festivo	['dʒorno fes'tivo]
dia (m) de folga	giorno (m) di riposo	['dʒorno di ri'pozo]
fim (m) de semana	fine (m) settimana	['fine setti'mana]
o dia todo	tutto il giorno	['tutto il 'dʒorno]
no dia seguinte	l'indomani	[lindo'mani]
há dois dias	due giorni fa	['due 'dʒorni fa]
na véspera	il giorno prima	[il 'dʒorno 'prima]
diário	quotidiano	[kwoti'djano]
todos os dias	ogni giorno	['oɲi 'dʒorno]
semana (f)	settimana (f)	[setti'mana]
na semana passada	la settimana scorsa	[la setti'mana 'skorsa]
na próxima semana	la settimana prossima	[la setti'mana 'prossima]
semanal	settimanale	[settima'nale]
cada semana	ogni settimana	['oɲi setti'mana]
duas vezes por semana	due volte alla settimana	['due 'volte 'alla setti'mana]
cada terça-feira	ogni martedì	['oɲi marte'di]

20. Horas. Dia e noite

manhã (f)	mattina (f)	[mat'tina]
de manhã	di mattina	[di mat'tina]
meio-dia (m)	mezzogiorno (m)	[meddzo'dʒorno]
à tarde	nel pomeriggio	[nel pome'ridʒo]
noite (f)	sera (f)	['sera]
à noite (noitinha)	di sera	[di 'sera]

noite (f)	notte (f)	['notte]
à noite	di notte	[di 'notte]
meia-noite (f)	mezzanotte (f)	[meddza'notte]

segundo (m)	secondo (m)	[se'kondo]
minuto (m)	minuto (m)	[mi'nuto]
hora (f)	ora (f)	['ora]
meia hora (f)	mezzora (f)	[med'dzora]
quarto (m) de hora	un quarto d'ora	[un 'kwarto 'dora]
quinze minutos	quindici minuti	['kwinditʃi mi'nuti]
vinte e quatro horas	ventiquattro ore	[venti'kwattro 'ore]

nascer (m) do sol	levata (f) del sole	[le'vata del 'sole]
amanhecer (m)	alba (f)	['alba]
madrugada (f)	mattutino (m)	[mattu'tino]
pôr do sol (m)	tramonto (m)	[tra'monto]

de madrugada	di buon mattino	[di bu'on mat'tino]
hoje de manhã	stamattina	[stamat'tina]
amanhã de manhã	domattina	[domat'tina]

hoje à tarde	oggi pomeriggio	['odʒi pome'ridʒo]
à tarde	nel pomeriggio	[nel pome'ridʒo]
amanhã à tarde	domani pomeriggio	[do'mani pome'ridʒo]

hoje à noite	stasera	[sta'sera]
amanhã à noite	domani sera	[do'mani 'sera]

às três horas em ponto	alle tre precise	['alle tre pre'tʃize]
por volta das quatro	verso le quattro	['verso le 'kwattro]
às doze	per le dodici	[per le 'doditʃi]

dentro de vinte minutos	fra venti minuti	[fra 'venti mi'nuti]
dentro duma hora	fra un'ora	[fra un 'ora]
a tempo	puntualmente	[puntual'mente]

menos um quarto	un quarto di …	[un 'kwarto di]
durante uma hora	entro un'ora	['entro un 'ora]
a cada quinze minutos	ogni quindici minuti	['oɲi 'kwinditʃi mi'nuti]
as vinte e quatro horas	giorno e notte	['dʒorno e 'notte]

21. Meses. Estações

janeiro (m)	gennaio (m)	[dʒen'najo]
fevereiro (m)	febbraio (m)	[feb'brajo]
março (m)	marzo (m)	['martso]
abril (m)	aprile (m)	[a'prile]
maio (m)	maggio (m)	['madʒo]
junho (m)	giugno (m)	['dʒuɲo]

julho (m)	luglio (m)	['luʎʎo]
agosto (m)	agosto (m)	[a'gosto]
setembro (m)	settembre (m)	[set'tembre]
outubro (m)	ottobre (m)	[ot'tobre]

novembro (m)	novembre (m)	[no'vembre]
dezembro (m)	dicembre (m)	[di'ʧembre]
primavera (f)	primavera (f)	[prima'vera]
na primavera	in primavera	[in prima'vera]
primaveril	primaverile	[primave'rile]
verão (m)	estate (f)	[e'state]
no verão	in estate	[in e'state]
de verão	estivo	[e'stivo]
outono (m)	autunno (m)	[au'tunno]
no outono	in autunno	[in au'tunno]
outonal	autunnale	[autun'nale]
inverno (m)	inverno (m)	[in'verno]
no inverno	in inverno	[in in'verno]
de inverno	invernale	[inver'nale]
mês (m)	mese (m)	['meze]
este mês	questo mese	['kwesto 'meze]
no próximo mês	il mese prossimo	[il 'meze 'prossimo]
no mês passado	il mese scorso	[il 'meze 'skorso]
há um mês	un mese fa	[un 'meze fa]
dentro de um mês	fra un mese	[fra un 'meze]
dentro de dois meses	fra due mesi	[fra 'due 'mezi]
todo o mês	un mese intero	[un 'meze in'tero]
um mês inteiro	per tutto il mese	[per 'tutto il 'meze]
mensal	mensile	[men'sile]
mensalmente	mensilmente	[mensil'mente]
cada mês	ogni mese	['oɲi 'meze]
duas vezes por mês	due volte al mese	['due 'volte al 'meze]
ano (m)	anno (m)	['anno]
este ano	quest'anno	[kwest'anno]
no próximo ano	l'anno prossimo	['lanno 'prossimo]
no ano passado	l'anno scorso	['lanno 'skorso]
há um ano	un anno fa	[un 'anno fa]
dentro dum ano	fra un anno	[fra un 'anno]
dentro de 2 anos	fra due anni	[fra 'due 'anni]
todo o ano	un anno intero	[un 'anno in'tero]
um ano inteiro	per tutto l'anno	[per 'tutto 'lanno]
cada ano	ogni anno	['oɲi 'anno]
anual	annuale	[annu'ale]
anualmente	annualmente	[annual'mente]
quatro vezes por ano	quattro volte all'anno	['kwattro 'volte all 'anno]
data (~ de hoje)	data (f)	['data]
data (ex. ~ de nascimento)	data (f)	['data]
calendário (m)	calendario (m)	[kalen'dario]
meio ano	mezz'anno (m)	[med'dzanno]
seis meses	semestre (m)	[se'mestre]

estação (f)	stagione (f)	[sta'dʒone]
século (m)	secolo (m)	['sekolo]

22. Unidades de medida

peso (m)	peso (m)	['pezo]
comprimento (m)	lunghezza (f)	[lun'gettsa]
largura (f)	larghezza (f)	[lar'gettsa]
altura (f)	altezza (f)	[al'tettsa]
profundidade (f)	profondità (f)	[profondi'ta]
volume (m)	volume (m)	[vo'lume]
área (f)	area (f)	['area]
grama (m)	grammo (m)	['grammo]
miligrama (m)	milligrammo (m)	[milli'grammo]
quilograma (m)	chilogrammo (m)	[kilo'grammo]
tonelada (f)	tonnellata (f)	[tonnel'lata]
libra (453,6 gramas)	libbra (f)	['libbra]
onça (f)	oncia (f)	['ontʃa]
metro (m)	metro (m)	['metro]
milímetro (m)	millimetro (m)	[mil'limetro]
centímetro (m)	centimetro (m)	[tʃen'timetro]
quilómetro (m)	chilometro (m)	[ki'lometro]
milha (f)	miglio (m)	['miʎʎo]
polegada (f)	pollice (m)	['pollitʃe]
pé (304,74 mm)	piede (f)	['pjede]
jarda (914,383 mm)	iarda (f)	[jarda]
metro (m) quadrado	metro (m) quadro	['metro 'kwadro]
hectare (m)	ettaro (m)	['ettaro]
litro (m)	litro (m)	['litro]
grau (m)	grado (m)	['grado]
volt (m)	volt (m)	[volt]
ampere (m)	ampere (m)	[am'pere]
cavalo-vapor (m)	cavallo vapore (m)	[ka'vallo va'pore]
quantidade (f)	quantità (f)	[kwanti'ta]
um pouco de ...	un po'di ...	[un po di]
metade (f)	metà (f)	[me'ta]
dúzia (f)	dozzina (f)	[dod'dzina]
peça (f)	pezzo (m)	['pettso]
dimensão (f)	dimensione (f)	[dimen'sjone]
escala (f)	scala (f)	['skala]
mínimo	minimo	['minimo]
menor, mais pequeno	minore	[mi'nore]
médio	medio	['medio]
máximo	massimo	['massimo]
maior, mais grande	maggiore	[ma'dʒore]

23. Recipientes

boião (m) de vidro	barattolo (m) di vetro	[ba'rattolo di 'vetro]
lata (~ de cerveja)	latta (f), lattina (f)	['latta], [lat'tina]
balde (m)	secchio (m)	['sekkio]
barril (m)	barile (m), botte (f)	[ba'rile], ['botte]
bacia (~ de plástico)	catino (m)	[ka'tino]
tanque (m)	serbatoio (m)	[serba'tojo]
cantil (m) de bolso	fiaschetta (f)	[fias'ketta]
bidão (m) de gasolina	tanica (f)	['tanika]
cisterna (f)	cisterna (f)	[tʃi'sterna]
caneca (f)	tazza (f)	['tattsa]
chávena (f)	tazzina (f)	[tat'tsina]
pires (m)	piattino (m)	[pjat'tino]
copo (m)	bicchiere (m)	[bik'kjere]
taça (f) de vinho	calice (m)	['kalitʃe]
panela, caçarola (f)	casseruola (f)	[kasseru'ola]
garrafa (f)	bottiglia (f)	[bot'tiʎʎa]
gargalo (m)	collo (m)	['kollo]
jarro, garrafa (f)	caraffa (f)	[ka'raffa]
jarro (m) de barro	brocca (f)	['brokka]
recipiente (m)	recipiente (m)	[retʃi'pjente]
pote (m)	vaso (m) di coccio	['vazo di 'kotʃo]
vaso (m)	vaso (m)	['vazo]
frasco (~ de perfume)	boccetta (f)	[bo'tʃetta]
frasquinho (ex. ~ de iodo)	fiala (f)	[fi'ala]
tubo (~ de pasta dentífrica)	tubetto (m)	[tu'betto]
saca (ex. ~ de açúcar)	sacco (m)	['sakko]
saco (~ de plástico)	sacchetto (m)	[sak'ketto]
maço (m)	pacchetto (m)	[pak'ketto]
caixa (~ de sapatos, etc.)	scatola (f)	['skatola]
caixa (~ de madeira)	cassa (f)	['kassa]
cesta (f)	cesta (f)	['tʃesta]

O SER HUMANO

O ser humano. O corpo

24. Cabeça

cabeça (f)	testa (f)	['testa]
cara (f)	viso (m)	['vizo]
nariz (m)	naso (m)	['nazo]
boca (f)	bocca (f)	['bokka]
olho (m)	occhio (m)	['okkio]
olhos (m pl)	occhi (m pl)	['okki]
pupila (f)	pupilla (f)	[pu'pilla]
sobrancelha (f)	sopracciglio (m)	[sopra'tʃiʎʎo]
pestana (f)	ciglio (m)	['tʃiʎʎo]
pálpebra (f)	palpebra (f)	['palpebra]
língua (f)	lingua (f)	['lingua]
dente (m)	dente (m)	['dente]
lábios (m pl)	labbra (f pl)	['labbra]
maçãs (f pl) do rosto	zigomi (m pl)	['dzigomi]
gengiva (f)	gengiva (f)	[dʒen'dʒiva]
palato (m)	palato (m)	[pa'lato]
narinas (f pl)	narici (f pl)	[na'ritʃi]
queixo (m)	mento (m)	['mento]
mandíbula (f)	mascella (f)	[ma'ʃella]
bochecha (f)	guancia (f)	['gwantʃa]
testa (f)	fronte (f)	['fronte]
têmpora (f)	tempia (f)	['tempia]
orelha (f)	orecchio (m)	[o'rekkio]
nuca (f)	nuca (f)	['nuka]
pescoço (m)	collo (m)	['kollo]
garganta (f)	gola (f)	['gola]
cabelos (m pl)	capelli (m pl)	[ka'pelli]
penteado (m)	pettinatura (f)	[pettina'tura]
corte (m) de cabelo	taglio (m)	['taʎʎo]
peruca (f)	parrucca (f)	['parrukka]
bigode (m)	baffi (m pl)	['baffi]
barba (f)	barba (f)	['barba]
usar, ter (~ barba, etc.)	portare (vt)	[por'tare]
trança (f)	treccia (f)	['tretʃa]
suíças (f pl)	basette (f pl)	[ba'zette]
ruivo	rosso	['rosso]
grisalho	brizzolato	[brittso'lato]

calvo	calvo	['kalvo]
calva (f)	calvizie (f)	[kal'vitsie]
rabo-de-cavalo (m)	coda (f) di cavallo	['koda di ka'vallo]
franja (f)	frangetta (f)	[fran'dʒetta]

25. Corpo humano

mão (f)	mano (f)	['mano]
braço (m)	braccio (m)	['bratʃo]
dedo (m)	dito (m)	['dito]
dedo (m) do pé	dito (m) del piede	['dito del 'pjede]
polegar (m)	pollice (m)	['pollitʃe]
dedo (m) mindinho	mignolo (m)	[mi'ɲolo]
unha (f)	unghia (f)	['ungia]
punho (m)	pugno (m)	['puɲo]
palma (f) da mão	palmo (m)	['palmo]
pulso (m)	polso (m)	['polso]
antebraço (m)	avambraccio (m)	[avam'bratʃo]
cotovelo (m)	gomito (m)	['gomito]
ombro (m)	spalla (f)	['spalla]
perna (f)	gamba (f)	['gamba]
pé (m)	pianta (f) del piede	['pjanta del 'pjede]
joelho (m)	ginocchio (m)	[dʒi'nokkio]
barriga (f) da perna	polpaccio (m)	[pol'patʃo]
anca (f)	anca (f)	['anka]
calcanhar (m)	tallone (m)	[tal'lone]
corpo (m)	corpo (m)	['korpo]
barriga (f)	pancia (f)	['pantʃa]
peito (m)	petto (m)	['petto]
seio (m)	seno (m)	['seno]
lado (m)	fianco (m)	['fjanko]
costas (f pl)	schiena (f)	['skjena]
região (f) lombar	zona (f) lombare	['dzona lom'bare]
cintura (f)	vita (f)	['vita]
umbigo (m)	ombelico (m)	[ombe'liko]
nádegas (f pl)	natiche (f pl)	['natike]
traseiro (m)	sedere (m)	[se'dere]
sinal (m)	neo (m)	['neo]
sinal (m) de nascença	voglia (f)	['voʎʎa]
tatuagem (f)	tatuaggio (m)	[tatu'adʒo]
cicatriz (f)	cicatrice (f)	[tʃika'tritʃe]

Vestuário & Acessórios

26. Roupa exterior. Casacos

roupa (f)	vestiti (m pl)	[ve'stiti]
roupa (f) exterior	soprabito (m)	[so'prabito]
roupa (f) de inverno	abiti (m pl) invernali	['abiti inver'nali]
sobretudo (m)	cappotto (m)	[kap'potto]
casaco (m) de peles	pelliccia (f)	[pel'litʃa]
casaco curto (m) de peles	pellicciotto (m)	[pelli'tʃotto]
casaco (m) acolchoado	piumino (m)	[pju'mino]
casaco, blusão (m)	giubbotto (m), giaccha (f)	[dʒub'botto], ['dʒakka]
impermeável (m)	impermeabile (m)	[imperme'abile]
impermeável	impermeabile	[imperme'abile]

27. Vestuário de homem & mulher

camisa (f)	camicia (f)	[ka'mitʃa]
calças (f pl)	pantaloni (m pl)	[panta'loni]
calças (f pl) de ganga	jeans (m pl)	['dʒins]
casaco (m) de fato	giacca (f)	['dʒakka]
fato (m)	abito (m) da uomo	['abito da u'omo]
vestido (ex. ~ vermelho)	abito (m)	['abito]
saia (f)	gonna (f)	['gonna]
blusa (f)	camicetta (f)	[kami'tʃetta]
casaco (m) de malha	giacca (f) a maglia	['dʒakka a 'maʎʎa]
casaco, blazer (m)	giacca (f) tailleur	['dʒakka ta'jer]
T-shirt, camiseta (f)	maglietta (f)	[maʎ'ʎetta]
calções (Bermudas, etc.)	pantaloni (m pl) corti	[panta'loni 'korti]
fato (m) de treino	tuta (f) sportiva	['tuta spor'tiva]
roupão (m) de banho	accappatoio (m)	[akkappa'tojo]
pijama (m)	pigiama (m)	[pi'dʒama]
suéter (m)	maglione (m)	[maʎ'ʎone]
pulôver (m)	pullover (m)	[pul'lover]
colete (m)	gilè (m)	[dʒi'le]
fraque (m)	frac (m)	[frak]
smoking (m)	smoking (m)	['zmoking]
uniforme (m)	uniforme (f)	[uni'forme]
roupa (f) de trabalho	tuta (f) da lavoro	['tuta da la'voro]
fato-macaco (m)	salopette (f)	[salo'pett]
bata (~ branca, etc.)	camice (m)	[ka'mitʃe]

28. Vestuário. Roupa interior

roupa (f) interior	intimo (m)	['intimo]
cuecas boxer (f pl)	boxer briefs (m)	['bokser brifs]
cuecas (f pl)	mutandina (f)	[mutan'dina]
camisola (f) interior	maglietta (f) intima	[maʎ'ʎetta 'intima]
peúgas (f pl)	calzini (m pl)	[kal'tsini]
camisa (f) de noite	camicia (f) da notte	[ka'mitʃa da 'notte]
sutiã (m)	reggiseno (m)	[redʒi'seno]
meias longas (f pl)	calzini (m pl) alti	[kal'tsini 'alti]
meia-calça (f)	collant (m)	[kol'lant]
meias (f pl)	calze (f pl)	['kaltse]
fato (m) de banho	costume (m) da bagno	[ko'stume da 'baɲo]

29. Adereços de cabeça

chapéu (m)	cappello (m)	[kap'pello]
chapéu (m) de feltro	cappello (m) di feltro	[kap'pello di feltro]
boné (m) de beisebol	cappello (m) da baseball	[kap'pello da 'bejzbol]
boné (m)	coppola (f)	['koppola]
boina (f)	basco (m)	['basko]
capuz (m)	cappuccio (m)	[kap'putʃo]
panamá (m)	panama (m)	['panama]
gorro (m) de malha	berretto (m) a maglia	[ber'retto a 'maʎʎa]
lenço (m)	fazzoletto (m) da capo	[fattso'letto da 'kapo]
chapéu (m) de mulher	cappellino (m) donna	[kappel'lino 'donna]
capacete (m) de proteção	casco (m)	['kasko]
bibico (m)	bustina (f)	[bu'stina]
capacete (m)	casco (m)	['kasko]
chapéu-coco (m)	bombetta (f)	[bom'betta]
chapéu (m) alto	cilindro (m)	[tʃi'lindro]

30. Calçado

calçado (m)	calzature (f pl)	[kaltsa'ture]
botinas (f pl)	stivaletti (m pl)	[stiva'letti]
sapatos (de salto alto, etc.)	scarpe (f pl)	['skarpe]
botas (f pl)	stivali (m pl)	[sti'vali]
pantufas (f pl)	pantofole (f pl)	[pan'tofole]
ténis (m pl)	scarpe (f pl) da tennis	['skarpe da 'tennis]
sapatilhas (f pl)	scarpe (f pl) da ginnastica	['skarpe da dʒin'nastika]
sandálias (f pl)	sandali (m pl)	['sandali]
sapateiro (m)	calzolaio (m)	[kaltso'lajo]
salto (m)	tacco (m)	['takko]

par (m) | paio (m) | ['pajo]
atacador (m) | laccio (m) | ['latʃo]
apertar os atacadores | allacciare (vt) | [ala'tʃare]
calçadeira (f) | calzascarpe (m) | [kaltsa'skarpe]
graxa (f) para calçado | lucido (m) per le scarpe | ['lutʃido per le 'skarpe]

31. Acessórios pessoais

luvas (f pl) | guanti (m pl) | ['gwanti]
mitenes (f pl) | manopole (f pl) | [ma'nopole]
cachecol (m) | sciarpa (f) | ['ʃarpa]

óculos (m pl) | occhiali (m pl) | [ok'kjali]
armação (f) de óculos | montatura (f) | [monta'tura]
guarda-chuva (m) | ombrello (m) | [om'brello]
bengala (f) | bastone (m) | [ba'stone]
escova (f) para o cabelo | spazzola (f) per capelli | ['spattsola per ka'pelli]
leque (m) | ventaglio (m) | [ven'taʎʎo]

gravata (f) | cravatta (f) | [kra'vatta]
gravata-borboleta (f) | cravatta (f) a farfalla | [kra'vatta a far'falla]
suspensórios (m pl) | bretelle (f pl) | [bre'telle]
lenço (m) | fazzoletto (m) | [fattso'letto]

pente (m) | pettine (m) | ['pettine]
travessão (m) | fermaglio (m) | [fer'maʎʎo]
gancho (m) de cabelo | forcina (f) | [for'tʃina]
fivela (f) | fibbia (f) | ['fibbia]

cinto (m) | cintura (f) | [tʃin'tura]
correia (f) | spallina (f) | [spal'lina]

mala (f) | borsa (f) | ['borsa]
mala (f) de senhora | borsetta (f) | [bor'setta]
mochila (f) | zaino (m) | ['dzajno]

32. Vestuário. Diversos

moda (f) | moda (f) | ['moda]
na moda | di moda | [di 'moda]
estilista (m) | stilista (m) | [sti'lista]

colarinho (m), gola (f) | collo (m) | ['kollo]
bolso (m) | tasca (f) | ['taska]
de bolso | tascabile | [ta'skabile]
manga (f) | manica (f) | ['manika]
alcinha (f) | asola (f) per appendere | ['azola per ap'pendere]
braguilha (f) | patta (f) | ['patta]

fecho (m) de correr | cerniera (f) lampo | [tʃer'njera 'lampo]
fecho (m), colchete (m) | chiusura (f) | [kju'zura]
botão (m) | bottone (m) | [bot'tone]

casa (f) de botão	occhiello (m)	[ok'kjello]
soltar-se (vr)	staccarsi (vr)	[stak'karsi]
coser, costurar (vi)	cucire (vi, vt)	[ku'tʃire]
bordar (vt)	ricamare (vi, vt)	[rika'mare]
bordado (m)	ricamo (m)	[ri'kamo]
agulha (f)	ago (m)	['ago]
fio (m)	filo (m)	['filo]
costura (f)	cucitura (f)	[kutʃi'tura]
sujar-se (vr)	sporcarsi (vr)	[spor'karsi]
mancha (f)	macchia (f)	['makkia]
engelhar-se (vr)	sgualcirsi (vr)	[zgwal'tʃirsi]
rasgar (vt)	strappare (vt)	[strap'pare]
traça (f)	tarma (f)	['tarma]

33. Cuidados pessoais. Cosméticos

pasta (f) de dentes	dentifricio (m)	[denti'fritʃo]
escova (f) de dentes	spazzolino (m) da denti	[spatso'lino da 'denti]
escovar os dentes	lavarsi i denti	[la'varsi i 'denti]
máquina (f) de barbear	rasoio (m)	[ra'zojo]
creme (m) de barbear	crema (f) da barba	['krema da 'barba]
barbear-se (vr)	rasarsi (vr)	[ra'zarsi]
sabonete (m)	sapone (m)	[sa'pone]
champô (m)	shampoo (m)	['ʃampo]
tesoura (f)	forbici (f pl)	['forbitʃi]
lima (f) de unhas	limetta (f)	[li'metta]
corta-unhas (m)	tagliaunghie (m)	[taʎʎa'ungje]
pinça (f)	pinzette (f pl)	[pin'tsette]
cosméticos (m pl)	cosmetica (f)	[ko'zmetika]
máscara (f) facial	maschera (f) di bellezza	['maskera di bel'lettsa]
manicura (f)	manicure (m)	[mani'kure]
fazer a manicura	fare la manicure	['fare la mani'kure]
pedicure (f)	pedicure (m)	[pedi'kure]
mala (f) de maquilhagem	borsa (f) del trucco	['borsa del 'trukko]
pó (m)	cipria (f)	['tʃipria]
caixa (f) de pó	portacipria (m)	[porta·'tʃipria]
blush (m)	fard (m)	[far]
perfume (m)	profumo (m)	[pro'fumo]
água (f) de toilette	acqua (f) da toeletta	['akwa da toe'letta]
loção (f)	lozione (f)	[lo'tsjone]
água-de-colónia (f)	acqua (f) di Colonia	['akwa di ko'lonia]
sombra (f) de olhos	ombretto (m)	[om'bretto]
lápis (m) delineador	eyeliner (m)	[aj'lajner]
máscara (f), rímel (m)	mascara (m)	[ma'skara]
batom (m)	rossetto (m)	[ros'setto]

verniz (m) de unhas	smalto (m)	['zmalto]
laca (f) para cabelos	lacca (f) per capelli	['lakka per ka'pelli]
desodorizante (m)	deodorante (m)	[deodo'rante]
creme (m)	crema (f)	['krema]
creme (m) de rosto	crema (f) per il viso	['krema per il 'vizo]
creme (m) de mãos	crema (f) per le mani	['krema per le 'mani]
creme (m) antirrugas	crema (f) antirughe	['krema anti'ruge]
creme (m) de dia	crema (f) da giorno	['krema da 'dʒorno]
creme (m) de noite	crema (f) da notte	['krema da 'notte]
de dia	da giorno	[da 'dʒorno]
da noite	da notte	[da 'notte]
tampão (m)	tampone (m)	[tam'pone]
papel (m) higiénico	carta (f) igienica	['karta i'dʒenika]
secador (m) elétrico	fon (m)	[fon]

34. Relógios de pulso. Relógios

relógio (m) de pulso	orologio (m)	[oro'lodʒo]
mostrador (m)	quadrante (m)	[kwa'drante]
ponteiro (m)	lancetta (f)	[lan'tʃetta]
bracelete (f) em aço	braccialetto (m)	[bratʃa'letto]
bracelete (f) em couro	cinturino (m)	[tʃintu'rino]
pilha (f)	pila (f)	['pila]
descarregar-se	essere scarico	['essere 'skariko]
trocar a pilha	cambiare la pila	[kam'bjare la 'pila]
estar adiantado	andare avanti	[an'dare a'vanti]
estar atrasado	andare indietro	[an'dare in'djetro]
relógio (m) de parede	orologio (m) da muro	[oro'lodʒo da 'muro]
ampulheta (f)	clessidra (f)	['klessidra]
relógio (m) de sol	orologio (m) solare	[oro'lodʒo so'lare]
despertador (m)	sveglia (f)	['zveʎʎa]
relojoeiro (m)	orologiaio (m)	[orolo'dʒajo]
reparar (vt)	riparare (vt)	[ripa'rare]

Alimentação. Nutrição

35. Comida

carne (f)	carne (f)	['karne]
galinha (f)	pollo (m)	['pollo]
frango (m)	pollo (m) novello	['pollo no'vello]
pato (m)	anatra (f)	['anatra]
ganso (m)	oca (f)	['oka]
caça (f)	cacciagione (f)	[katʃa'dʒone]
peru (m)	tacchino (m)	[tak'kino]
carne (f) de porco	maiale (m)	[ma'jale]
carne (f) de vitela	vitello (m)	[vi'tello]
carne (f) de carneiro	agnello (m)	[a'ɲello]
carne (f) de vaca	manzo (m)	['mandzo]
carne (f) de coelho	coniglio (m)	[ko'niʎʎo]
chouriço, salsichão (m)	salame (m)	[sa'lame]
salsicha (f)	würstel (m)	['vyrstel]
bacon (m)	pancetta (f)	[pan'tʃetta]
fiambre (f)	prosciutto (m)	[pro'ʃutto]
presunto (m)	prosciutto (m) affumicato	[pro'ʃutto affumi'kato]
patê (m)	pâté (m)	[pa'te]
fígado (m)	fegato (m)	['fegato]
carne (f) moída	carne (f) trita	['karne 'trita]
língua (f)	lingua (f)	['lingua]
ovo (m)	uovo (m)	[u'ovo]
ovos (m pl)	uova (f pl)	[u'ova]
clara (f) do ovo	albume (m)	[al'bume]
gema (f) do ovo	tuorlo (m)	[tu'orlo]
peixe (m)	pesce (m)	['peʃe]
mariscos (m pl)	frutti (m pl) di mare	['frutti di 'mare]
crustáceos (m pl)	crostacei (m pl)	[kro'statʃei]
caviar (m)	caviale (m)	[ka'vjale]
caranguejo (m)	granchio (m)	['graŋkio]
camarão (m)	gamberetto (m)	[gambe'retto]
ostra (f)	ostrica (f)	['ostrika]
lagosta (f)	aragosta (f)	[ara'gosta]
polvo (m)	polpo (m)	['polpo]
lula (f)	calamaro (m)	[kala'maro]
esturjão (m)	storione (m)	[sto'rjone]
salmão (m)	salmone (m)	[sal'mone]
halibute (m)	ippoglosso (m)	[ippo'glosso]
bacalhau (m)	merluzzo (m)	[mer'luttso]

cavala, sarda (f)	scombro (m)	['skombro]
atum (m)	tonno (m)	['tonno]
enguia (f)	anguilla (f)	[an'gwilla]
truta (f)	trota (f)	['trota]
sardinha (f)	sardina (f)	[sar'dina]
lúcio (m)	luccio (m)	['lutʃo]
arenque (m)	aringa (f)	[a'ringa]
pão (m)	pane (m)	['pane]
queijo (m)	formaggio (m)	[for'madʒo]
açúcar (m)	zucchero (m)	['dzukkero]
sal (m)	sale (m)	['sale]
arroz (m)	riso (m)	['rizo]
massas (f pl)	pasta (f)	['pasta]
talharim (m)	tagliatelle (f pl)	[taʎʎa'telle]
manteiga (f)	burro (m)	['burro]
óleo (m) vegetal	olio (m) vegetale	['oljo vedʒe'tale]
óleo (m) de girassol	olio (m) di girasole	['oljo di dʒira'sole]
margarina (f)	margarina (f)	[marga'rina]
azeitonas (f pl)	olive (f pl)	[o'live]
azeite (m)	olio (m) d'oliva	['oljo do'liva]
leite (m)	latte (m)	['latte]
leite (m) condensado	latte (m) condensato	['latte konden'sato]
iogurte (m)	yogurt (m)	['jogurt]
nata (f) azeda	panna (f) acida	['panna 'atʃida]
nata (f) do leite	panna (f)	['panna]
maionese (f)	maionese (m)	[majo'neze]
creme (m)	crema (f)	['krema]
grãos (m pl) de cereais	cereali (m pl)	[tʃere'ali]
farinha (f)	farina (f)	[fa'rina]
enlatados (m pl)	cibi (m pl) in scatola	['tʃibi in 'skatola]
flocos (m pl) de milho	fiocchi (m pl) di mais	['fjokki di 'mais]
mel (m)	miele (m)	['mjele]
doce (m)	marmellata (f)	[marmel'lata]
pastilha (f) elástica	gomma (f) da masticare	['gomma da masti'kare]

36. Bebidas

água (f)	acqua (f)	['akwa]
água (f) potável	acqua (f) potabile	['akwa po'tabile]
água (f) mineral	acqua (f) minerale	['akwa mine'rale]
sem gás	liscia, non gassata	['liʃa], [non gas'sata]
gaseificada	gassata	[gas'sata]
com gás	frizzante	[frid'dzante]
gelo (m)	ghiaccio (m)	['gjatʃo]

com gelo	con ghiaccio	[kon 'gjatʃo]
sem álcool	analcolico	[anal'koliko]
bebida (f) sem álcool	bevanda (f) analcolica	[be'vanda anal'kolika]
refresco (m)	bibita (f)	['bibita]
limonada (f)	limonata (f)	[limo'nata]
bebidas (f pl) alcoólicas	bevande (f pl) alcoliche	[be'vande al'kolike]
vinho (m)	vino (m)	['vino]
vinho (m) branco	vino (m) bianco	['vino 'bjanko]
vinho (m) tinto	vino (m) rosso	['vino 'rosso]
licor (m)	liquore (m)	[li'kwore]
champanhe (m)	champagne (m)	[ʃam'paɲ]
vermute (m)	vermouth (m)	['vermut]
uísque (m)	whisky	['wiski]
vodka (f)	vodka (f)	['vodka]
gim (m)	gin (m)	[dʒin]
conhaque (m)	cognac (m)	['koɲak]
rum (m)	rum (m)	[rum]
café (m)	caffè (m)	[kafˈfe]
café (m) puro	caffè (m) nero	[kafˈfe 'nero]
café (m) com leite	caffè latte (m)	[kafˈfe 'latte]
cappuccino (m)	cappuccino (m)	[kappu'tʃino]
café (m) solúvel	caffè (m) solubile	[kafˈfe so'lubile]
leite (m)	latte (m)	['latte]
coquetel (m)	cocktail (m)	['koktejl]
batido (m) de leite	frullato (m)	[frul'lato]
sumo (m)	succo (m)	['sukko]
sumo (m) de tomate	succo (m) di pomodoro	['sukko di pomo'doro]
sumo (m) de laranja	succo (m) d'arancia	['sukko da'rantʃa]
sumo (m) fresco	spremuta (f)	[spre'muta]
cerveja (f)	birra (f)	['birra]
cerveja (f) clara	birra (f) chiara	['birra 'kjara]
cerveja (f) preta	birra (f) scura	['birra 'skura]
chá (m)	tè (m)	[te]
chá (m) preto	tè (m) nero	[te 'nero]
chá (m) verde	tè (m) verde	[te 'verde]

37. Vegetais

legumes (m pl)	ortaggi (m pl)	[or'tadʒi]
verduras (f pl)	verdura (f)	[ver'dura]
tomate (m)	pomodoro (m)	[pomo'doro]
pepino (m)	cetriolo (m)	[tʃetri'olo]
cenoura (f)	carota (f)	[ka'rota]
batata (f)	patata (f)	[pa'tata]
cebola (f)	cipolla (f)	[tʃi'polla]

alho (m)	aglio (m)	['aʎʎo]
couve (f)	cavolo (m)	['kavolo]
couve-flor (f)	cavolfiore (m)	[kavol'fjore]
couve-de-bruxelas (f)	cavoletti (m pl) di Bruxelles	[kavo'letti di bruk'sel]
brócolos (m pl)	broccolo (m)	['brokkolo]
beterraba (f)	barbabietola (f)	[barba'bjetola]
beringela (f)	melanzana (f)	[melan'tsana]
curgete (f)	zucchina (f)	[dzuk'kina]
abóbora (f)	zucca (f)	['dzukka]
nabo (m)	rapa (f)	['rapa]
salsa (f)	prezzemolo (m)	[pret'tsemolo]
funcho, endro (m)	aneto (m)	[a'neto]
alface (f)	lattuga (f)	[lat'tuga]
aipo (m)	sedano (m)	['sedano]
espargo (m)	asparago (m)	[a'sparago]
espinafre (m)	spinaci (m pl)	[spi'natʃi]
ervilha (f)	pisello (m)	[pi'zello]
fava (f)	fave (f pl)	['fave]
milho (m)	mais (m)	['mais]
feijão (m)	fagiolo (m)	[fa'dʒolo]
pimentão (m)	peperone (m)	[pepe'rone]
rabanete (m)	ravanello (m)	[rava'nello]
alcachofra (f)	carciofo (m)	[kar'tʃofo]

38. Frutos. Nozes

fruta (f)	frutto (m)	['frutto]
maçã (f)	mela (f)	['mela]
pera (f)	pera (f)	['pera]
limão (m)	limone (m)	[li'mone]
laranja (f)	arancia (f)	[a'rantʃa]
morango (m)	fragola (f)	['fragola]
tangerina (f)	mandarino (m)	[manda'rino]
ameixa (f)	prugna (f)	['pruɲa]
pêssego (m)	pesca (f)	['peska]
damasco (m)	albicocca (f)	[albi'kokka]
framboesa (f)	lampone (m)	[lam'pone]
ananás (m)	ananas (m)	[ana'nas]
banana (f)	banana (f)	[ba'nana]
melancia (f)	anguria (f)	[an'guria]
uva (f)	uva (f)	['uva]
ginja (f)	amarena (f)	[ama'rena]
cereja (f)	ciliegia (f)	[tʃi'ljedʒa]
meloa (f)	melone (m)	[me'lone]
toranja (f)	pompelmo (m)	[pom'pelmo]
abacate (m)	avocado (m)	[avo'kado]
papaia (f)	papaia (f)	[pa'paja]

manga (f)	mango (m)	['mango]
romã (f)	melagrana (f)	[mela'grana]

groselha (f) vermelha	ribes (m) rosso	['ribes 'rosso]
groselha (f) preta	ribes (m) nero	['ribes 'nero]
groselha (f) espinhosa	uva (f) spina	['uva 'spina]
mirtilo (m)	mirtillo (m)	[mir'tillo]
amora silvestre (f)	mora (f)	['mora]

uvas (f pl) passas	uvetta (f)	[u'vetta]
figo (m)	fico (m)	['fiko]
tâmara (f)	dattero (m)	['dattero]

amendoim (m)	arachide (f)	[a'rakide]
amêndoa (f)	mandorla (f)	['mandorla]
noz (f)	noce (f)	['notʃe]
avelã (f)	nocciola (f)	[no'tʃola]
coco (m)	noce (f) di cocco	['notʃe di 'kokko]
pistáchios (m pl)	pistacchi (m pl)	[pi'stakki]

39. Pão. Bolaria

pastelaria (f)	pasticceria (f)	[pastitʃe'ria]
pão (m)	pane (m)	['pane]
bolacha (f)	biscotti (m pl)	[bi'skotti]

chocolate (m)	cioccolato (m)	[tʃokko'lato]
de chocolate	al cioccolato	[al tʃokko'lato]
rebuçado (m)	caramella (f)	[kara'mella]
bolo (cupcake, etc.)	tortina (f)	[tor'tina]
bolo (m) de aniversário	torta (f)	['torta]

tarte (~ de maçã)	crostata (f)	[kro'stata]
recheio (m)	ripieno (m)	[ri'pjeno]

doce (m)	marmellata (f)	[marmel'lata]
geleia (f) de frutas	marmellata (f) di agrumi	[marmel'lata di a'grumi]
waffle (m)	wafer (m)	['vafer]
gelado (m)	gelato (m)	[dʒe'lato]
pudim (m)	budino (m)	[bu'dino]

40. Pratos cozinhados

prato (m)	piatto (m)	['pjatto]
cozinha (~ portuguesa)	cucina (f)	[ku'tʃina]
receita (f)	ricetta (f)	[ri'tʃetta]
porção (f)	porzione (f)	[por'tsjone]

salada (f)	insalata (f)	[insa'lata]
sopa (f)	minestra (f)	[mi'nestra]
caldo (m)	brodo (m)	['brodo]
sandes (f)	panino (m)	[pa'nino]

ovos (m pl) estrelados	uova (f pl) al tegamino	[u'ova al tega'mino]
hambúrguer (m)	hamburger (m)	[am'burger]
bife (m)	bistecca (f)	[bi'stekka]
conduto (m)	contorno (m)	[kon'torno]
espaguete (m)	spaghetti (m pl)	[spa'getti]
purê (m) de batata	purè (m) di patate	[pu're di pa'tate]
pizza (f)	pizza (f)	['pittsa]
papa (f)	porridge (m)	[por'ridʒe]
omelete (f)	frittata (f)	[frit'tata]
cozido em água	bollito	[bol'lito]
fumado	affumicato	[affumi'kato]
frito	fritto	['fritto]
seco	secco	['sekko]
congelado	congelato	[kondʒe'lato]
em conserva	sottoaceto	[sottoa'tʃeto]
doce (açucarado)	dolce	['doltʃe]
salgado	salato	[sa'lato]
frio	freddo	['freddo]
quente	caldo	['kaldo]
amargo	amaro	[a'maro]
gostoso	buono, gustoso	[bu'ono], [gu'stozo]
cozinhar (em água a ferver)	cuocere, preparare (vt)	[ku'otʃere], [prepa'rare]
fazer, preparar (vt)	cucinare (vi)	[kutʃi'nare]
fritar (vt)	friggere (vt)	['fridʒere]
aquecer (vt)	riscaldare (vt)	[riskal'dare]
salgar (vt)	salare (vt)	[sa'lare]
apimentar (vt)	pepare (vt)	[pe'pare]
ralar (vt)	grattugiare (vt)	[grattu'dʒare]
casca (f)	buccia (f)	['butʃa]
descascar (vt)	sbucciare (vt)	[zbu'tʃare]

41. Especiarias

sal (m)	sale (m)	['sale]
salgado	salato	[sa'lato]
salgar (vt)	salare (vt)	[sa'lare]
pimenta (f) preta	pepe (m) nero	['pepe 'nero]
pimenta (f) vermelha	peperoncino (m)	[peperon'tʃino]
mostarda (f)	senape (f)	[se'nape]
raiz-forte (f)	cren (m)	['kren]
condimento (m)	condimento (m)	[kondi'mento]
especiaria (f)	spezie (f pl)	['spetsie]
molho (m)	salsa (f)	['salsa]
vinagre (m)	aceto (m)	[a'tʃeto]
anis (m)	anice (m)	['anitʃe]
manjericão (m)	basilico (m)	[ba'ziliko]

cravo (m)	chiodi (m pl) di garofano	['kjodi di ga'rofano]
gengibre (m)	zenzero (m)	['dzendzero]
coentro (m)	coriandolo (m)	[kori'andolo]
canela (f)	cannella (f)	[kan'nella]
sésamo (m)	sesamo (m)	[sezamo]
folhas (f pl) de louro	alloro (m)	[al'loro]
páprica (f)	paprica (f)	['paprika]
cominho (m)	cumino, comino (m)	[ku'mino], [ko'mino]
açafrão (m)	zafferano (m)	[dzaffe'rano]

42. Refeições

comida (f)	cibo (m)	['tʃibo]
comer (vt)	mangiare (vi, vt)	[man'dʒare]
pequeno-almoço (m)	colazione (f)	[kola'tsjone]
tomar o pequeno-almoço	fare colazione	['fare kola'tsjone]
almoço (m)	pranzo (m)	['prantso]
almoçar (vi)	pranzare (vi)	[pran'tsare]
jantar (m)	cena (f)	['tʃena]
jantar (vi)	cenare (vi)	[tʃe'nare]
apetite (m)	appetito (m)	[appe'tito]
Bom apetite!	Buon appetito!	[bu'on appe'tito]
abrir (~ uma lata, etc.)	aprire (vt)	[a'prire]
derramar (vt)	rovesciare (vt)	[rove'ʃare]
derramar-se (vr)	rovesciarsi (vi)	[rove'ʃarsi]
ferver (vi)	bollire (vi)	[bol'lire]
ferver (vt)	far bollire	[far bol'lire]
fervido	bollito	[bol'lito]
arrefecer (vt)	raffreddare (vt)	[raffred'dare]
arrefecer-se (vr)	raffreddarsi (vr)	[raffred'darsi]
sabor, gosto (m)	gusto (m)	['gusto]
gostinho (m)	retrogusto (m)	[retro'gusto]
fazer dieta	essere a dieta	['essere a di'eta]
dieta (f)	dieta (f)	[di'eta]
vitamina (f)	vitamina (f)	[vita'mina]
caloria (f)	caloria (f)	[kalo'ria]
vegetariano (m)	vegetariano (m)	[vedʒeta'rjano]
vegetariano	vegetariano	[vedʒeta'rjano]
gorduras (f pl)	grassi (m pl)	['grassi]
proteínas (f pl)	proteine (f pl)	[prote'ine]
carboidratos (m pl)	carboidrati (m pl)	[karboi'drati]
fatia (~ de limão, etc.)	fetta (f), fettina (f)	['fetta], [fet'tina]
pedaço (~ de bolo)	pezzo (m)	['pettso]
migalha (f)	briciola (f)	['britʃola]

43. Por a mesa

colher (f)	cucchiaio (m)	[kuk'kjajo]
faca (f)	coltello (m)	[kol'tello]
garfo (m)	forchetta (f)	[for'ketta]
chávena (f)	tazza (f)	['tattsa]
prato (m)	piatto (m)	['pjatto]
pires (m)	piattino (m)	[pjat'tino]
guardanapo (m)	tovagliolo (m)	[tovaʎ'ʎolo]
palito (m)	stuzzicadenti (m)	[stuttsika'denti]

44. Restaurante

restaurante (m)	ristorante (m)	[risto'rante]
café (m)	caffè (m)	[kaf'fe]
bar (m), cervejaria (f)	pub (m), bar (m)	[pab], [bar]
salão (m) de chá	sala (f) da tè	['sala da 'te]
empregado (m) de mesa	cameriere (m)	[kame'rjere]
empregada (f) de mesa	cameriera (f)	[kame'rjera]
barman (m)	barista (m)	[ba'rista]
ementa (f)	menù (m)	[me'nu]
lista (f) de vinhos	lista (f) dei vini	['lista 'dei 'vini]
reservar uma mesa	prenotare un tavolo	[preno'tare un 'tavolo]
prato (m)	piatto (m)	['pjatto]
pedir (vt)	ordinare (vt)	[ordi'nare]
fazer o pedido	fare un'ordinazione	['fare unordina'tsjone]
aperitivo (m)	aperitivo (m)	[aperi'tivo]
entrada (f)	antipasto (m)	[anti'pasto]
sobremesa (f)	dolce (m)	['doltʃe]
conta (f)	conto (m)	['konto]
pagar a conta	pagare il conto	[pa'gare il 'konto]
dar o troco	dare il resto	['dare il 'resto]
gorjeta (f)	mancia (f)	['mantʃa]

Família, parentes e amigos

45. Informação pessoal. Formulários

nome (m)	nome (m)	['nome]
apelido (m)	cognome (m)	[ko'ɲome]
data (f) de nascimento	data (f) di nascita	['data di 'naʃita]
local (m) de nascimento	luogo (m) di nascita	[lu'ogo di 'naʃita]
nacionalidade (f)	nazionalità (f)	[natsjonali'ta]
lugar (m) de residência	domicilio (m)	[domi'tʃilio]
país (m)	paese (m)	[pa'eze]
profissão (f)	professione (f)	[profes'sjone]
sexo (m)	sesso (m)	['sesso]
estatura (f)	statura (f)	[sta'tura]
peso (m)	peso (m)	['pezo]

46. Membros da família. Parentes

mãe (f)	madre (f)	['madre]
pai (m)	padre (m)	['padre]
filho (m)	figlio (m)	['fiʎʎo]
filha (f)	figlia (f)	['fiʎʎa]
filha (f) mais nova	figlia (f) minore	['fiʎʎa mi'nore]
filho (m) mais novo	figlio (m) minore	['fiʎʎo mi'nore]
filha (f) mais velha	figlia (f) maggiore	['fiʎʎa ma'dʒore]
filho (m) mais velho	figlio (m) maggiore	['fiʎʎo ma'dʒore]
irmão (m)	fratello (m)	[fra'tello]
irmã (f)	sorella (f)	[so'rella]
primo (m)	cugino (m)	[ku'dʒino]
prima (f)	cugina (f)	[ku'dʒina]
mamã (f)	mamma (f)	['mamma]
papá (m)	papà (m)	[pa'pa]
pais (pl)	genitori (m pl)	[dʒeni'tori]
criança (f)	bambino (m)	[bam'bino]
crianças (f pl)	bambini (m pl)	[bam'bini]
avó (f)	nonna (f)	['nonna]
avô (m)	nonno (m)	['nonno]
neto (m)	nipote (m)	[ni'pote]
neta (f)	nipote (f)	[ni'pote]
netos (pl)	nipoti (pl)	[ni'poti]
tio (m)	zio (m)	['tsio]
tia (f)	zia (f)	['tsia]

sobrinho (m)	nipote (m)	[ni'pote]
sobrinha (f)	nipote (f)	[ni'pote]
sogra (f)	suocera (f)	[su'otʃera]
sogro (m)	suocero (m)	[su'otʃero]
genro (m)	genero (m)	['dʒenero]
madrasta (f)	matrigna (f)	[ma'triɲa]
padrasto (m)	patrigno (m)	[pa'triɲo]
criança (f) de colo	neonato (m)	[neo'nato]
bebé (m)	infante (m)	[in'fante]
menino (m)	bimbo (m)	['bimbo]
mulher (f)	moglie (f)	['moʎʎe]
marido (m)	marito (m)	[ma'rito]
esposo (m)	coniuge (m)	['konjudʒe]
esposa (f)	coniuge (f)	['konjudʒe]
casado	sposato	[spo'zato]
casada	sposata	[spo'zata]
solteiro	celibe	['tʃelibe]
solteirão (m)	scapolo (m)	['skapolo]
divorciado	divorziato	[divortsi'ato]
viúva (f)	vedova (f)	['vedova]
viúvo (m)	vedovo (m)	['vedovo]
parente (m)	parente (m)	[pa'rente]
parente (m) próximo	parente (m) stretto	[pa'rente 'stretto]
parente (m) distante	parente (m) lontano	[pa'rente lon'tano]
parentes (m pl)	parenti (m pl)	[pa'renti]
órfão (m)	orfano (m)	['orfano]
órfã (f)	orfana (f)	['orfana]
tutor (m)	tutore (m)	[tu'tore]
adotar (um filho)	adottare (vt)	[adot'tare]
adotar (uma filha)	adottare (vt)	[adot'tare]

Medicina

47. Doenças

doença (f)	malattia (f)	[malat'tia]
estar doente	essere malato	['essere ma'lato]
saúde (f)	salute (f)	[sa'lute]
nariz (m) a escorrer	raffreddore (m)	[raffred'dore]
amigdalite (f)	tonsillite (f)	[tonsil'lite]
constipação (f)	raffreddore (m)	[raffred'dore]
constipar-se (vr)	raffreddarsi (vr)	[raffred'darsi]
bronquite (f)	bronchite (f)	[bron'kite]
pneumonia (f)	polmonite (f)	[polmo'nite]
gripe (f)	influenza (f)	[influ'entsa]
míope	miope	['miope]
presbita	presbite	['prezbite]
estrabismo (m)	strabismo (m)	[stra'bizmo]
estrábico	strabico	['strabiko]
catarata (f)	cateratta (f)	[kate'ratta]
glaucoma (m)	glaucoma (m)	[glau'koma]
AVC (m), apoplexia (f)	ictus (m) cerebrale	['iktus ʧere'brale]
ataque (m) cardíaco	attacco (m) di cuore	[at'tako di ku'ore]
enfarte (m) do miocárdio	infarto (m) miocardico	[in'farto miokar'diko]
paralisia (f)	paralisi (f)	[pa'ralizi]
paralisar (vt)	paralizzare (vt)	[paralid'ʣare]
alergia (f)	allergia (f)	[aller'ʤia]
asma (f)	asma (f)	['azma]
diabetes (f)	diabete (m)	[dia'bete]
dor (f) de dentes	mal (m) di denti	[mal di 'denti]
cárie (f)	carie (f)	['karie]
diarreia (f)	diarrea (f)	[diar'rea]
prisão (f) de ventre	stitichezza (f)	[stiti'kettsa]
desarranjo (m) intestinal	disturbo (m) gastrico	[di'sturbo 'gastriko]
intoxicação (f) alimentar	intossicazione (f) alimentare	[intossika'tsjone alimen'tare]
intoxicar-se	intossicarsi (vr)	[intossi'karsi]
artrite (f)	artrite (f)	[ar'trite]
raquitismo (m)	rachitide (f)	[ra'kitide]
reumatismo (m)	reumatismo (m)	[reuma'tizmo]
arteriosclerose (f)	aterosclerosi (f)	[ateroskle'rozi]
gastrite (f)	gastrite (f)	[ga'strite]
apendicite (f)	appendicite (f)	[appendi'ʧite]

colecistite (f)	colecistite (f)	[koletʃi'stite]
úlcera (f)	ulcera (f)	['ultʃera]
sarampo (m)	morbillo (m)	[mor'billo]
rubéola (f)	rosolia (f)	[rozo'lia]
iterícia (f)	itterizia (f)	[itte'ritsia]
hepatite (f)	epatite (f)	[epa'tite]
esquizofrenia (f)	schizofrenia (f)	[skidzofre'nia]
raiva (f)	rabbia (f)	['rabbia]
neurose (f)	nevrosi (f)	[ne'vrozi]
comoção (f) cerebral	commozione (f) cerebrale	[kommo'tsjone tʃere'brale]
cancro (m)	cancro (m)	['kankro]
esclerose (f)	sclerosi (f)	[skle'rozi]
esclerose (f) múltipla	sclerosi (f) multipla	[skle'rozi 'multipla]
alcoolismo (m)	alcolismo (m)	[alko'lizmo]
alcoólico (m)	alcolizzato (m)	[alkolid'dzato]
sífilis (f)	sifilide (f)	[si'filide]
SIDA (f)	AIDS (m)	['aids]
tumor (m)	tumore (m)	[tu'more]
maligno	maligno	[ma'liɲo]
benigno	benigno	[be'niɲo]
febre (f)	febbre (f)	['febbre]
malária (f)	malaria (f)	[ma'laria]
gangrena (f)	cancrena (f)	[kan'krena]
enjoo (m)	mal (m) di mare	[mal di 'mare]
epilepsia (f)	epilessia (f)	[epiles'sia]
epidemia (f)	epidemia (f)	[epide'mia]
tifo (m)	tifo (m)	['tifo]
tuberculose (f)	tubercolosi (f)	[tuberko'lozi]
cólera (f)	colera (m)	[ko'lera]
peste (f)	peste (f)	['peste]

48. Sintomas. Tratamentos. Parte 1

sintoma (m)	sintomo (m)	['sintomo]
temperatura (f)	temperatura (f)	[tempera'tura]
febre (f)	febbre (f) alta	['febbre 'alta]
pulso (m)	polso (m)	['polso]
vertigem (f)	capogiro (m)	[kapo'dʒiro]
quente (testa, etc.)	caldo	['kaldo]
calafrio (m)	brivido (m)	['brivido]
pálido	pallido	['pallido]
tosse (f)	tosse (f)	['tosse]
tossir (vi)	tossire (vi)	[tos'sire]
espirrar (vi)	starnutire (vi)	[starnu'tire]
desmaio (m)	svenimento (m)	[zveni'mento]
desmaiar (vi)	svenire (vi)	[zve'nire]

nódoa (f) negra	livido (m)	['livido]
galo (m)	bernoccolo (m)	[ber'nokkolo]
magoar-se (vr)	farsi un livido	['farsi un 'livido]
pisadura (f)	contusione (f)	[kontu'zjone]
aleijar-se (vr)	farsi male	['farsi 'male]
coxear (vi)	zoppicare (vi)	[dzoppi'kare]
deslocação (f)	slogatura (f)	[zloga'tura]
deslocar (vt)	slogarsi (vr)	[zlo'garsi]
fratura (f)	frattura (f)	[frat'tura]
fraturar (vt)	fratturarsi (vr)	[frattu'rarsi]
corte (m)	taglio (m)	['taʎʎo]
cortar-se (vr)	tagliarsi (vr)	[taʎ'ʎarsi]
hemorragia (f)	emorragia (f)	[emorra'dʒia]
queimadura (f)	scottatura (f)	[skotta'tura]
queimar-se (vr)	scottarsi (vr)	[skot'tarsi]
picar (vt)	pungere (vt)	['pundʒere]
picar-se (vr)	pungersi (vr)	['pundʒersi]
lesionar (vt)	ferire (vt)	[fe'rire]
lesão (m)	ferita (f)	[fe'rita]
ferida (f), ferimento (m)	lesione (f)	[le'zjone]
trauma (m)	trauma (m)	['trauma]
delirar (vi)	delirare (vi)	[deli'rare]
gaguejar (vi)	tartagliare (vi)	[tartaʎ'ʎare]
insolação (f)	colpo (m) di sole	['kolpo di 'sole]

49. Sintomas. Tratamentos. Parte 2

dor (f)	dolore (m), male (m)	[do'lore], ['male]
farpa (no dedo)	scheggia (f)	['skedʒa]
suor (m)	sudore (m)	[su'dore]
suar (vi)	sudare (vi)	[su'dare]
vómito (m)	vomito (m)	['vomito]
convulsões (f pl)	convulsioni (f pl)	[konvul'sjoni]
grávida	incinta	[in'tʃinta]
nascer (vi)	nascere (vi)	['naʃere]
parto (m)	parto (m)	['parto]
dar à luz	essere in travaglio	['essere in tra'vaʎʎo]
aborto (m)	aborto (m)	[a'borto]
respiração (f)	respirazione (f)	[respira'tsjone]
inspiração (f)	inspirazione (f)	[inspira'tsjone]
expiração (f)	espirazione (f)	[espira'tsjone]
expirar (vi)	espirare (vi)	[espi'rare]
inspirar (vi)	inspirare (vi)	[inspi'rare]
inválido (m)	invalido (m)	[in'valido]
aleijado (m)	storpio (m)	['storpjo]

toxicodependente (m)	battaglia (f)	[bat'taʎʎa]
surdo	sordo	['sordo]
mudo	muto	['muto]
surdo-mudo	sordomuto	[sordo'muto]
louco (adj.)	matto	['matto]
louco (m)	matto (m)	['matto]
louca (f)	matta (f)	['matta]
ficar louco	impazzire (vi)	[impat'tsire]
gene (m)	gene (m)	['dʒene]
imunidade (f)	immunità (f)	[immuni'ta]
hereditário	ereditario	[eredi'tario]
congénito	innato	[in'nato]
vírus (m)	virus (m)	['virus]
micróbio (m)	microbo (m)	['mikrobo]
bactéria (f)	batterio (m)	[bat'terio]
infeção (f)	infezione (f)	[infe'tsjone]

50. Sintomas. Tratamentos. Parte 3

hospital (m)	ospedale (m)	[ospe'dale]
paciente (m)	paziente (m)	[pa'tsjente]
diagnóstico (m)	diagnosi (f)	[di'aɲozi]
cura (f)	cura (f)	['kura]
tratamento (m) médico	trattamento (m)	[tratta'mento]
curar-se (vr)	curarsi (vr)	[ku'rarsi]
tratar (vt)	curare (vt)	[ku'rare]
cuidar (pessoa)	accudire	[akku'dire]
cuidados (m pl)	assistenza (f)	[assi'stentsa]
operação (f)	operazione (f)	[opera'tsjone]
enfaixar (vt)	bendare (vt)	[ben'dare]
enfaixamento (m)	fasciatura (f)	[faʃa'tura]
vacinação (f)	vaccinazione (f)	[vatʃina'tsjone]
vacinar (vt)	vaccinare (vt)	[vatʃi'nare]
injeção (f)	iniezione (f)	[inje'tsjone]
dar uma injeção	fare una puntura	['fare 'una pun'tura]
ataque (~ de asma, etc.)	attacco (m)	[at'takko]
amputação (f)	amputazione (f)	[amputa'tsjone]
amputar (vt)	amputare (vt)	[ampu'tare]
coma (f)	coma (m)	['koma]
estar em coma	essere in coma	['essere in 'koma]
reanimação (f)	rianimazione (f)	[rianima'tsjone]
recuperar-se (vr)	guarire (vi)	[gwa'rire]
estado (~ de saúde)	stato (f)	['stato]
consciência (f)	conoscenza (f)	[kono'ʃentsa]
memória (f)	memoria (f)	[me'moria]
tirar (vt)	estrarre (vt)	[e'strarre]

chumbo (m), obturação (f)	otturazione (f)	[ottura'tsjone]
chumbar, obturar (vt)	otturare (vt)	[ottu'rare]
hipnose (f)	ipnosi (f)	[ip'nozi]
hipnotizar (vt)	ipnotizzare (vt)	[ipnotid'dzare]

51. Médicos

médico (m)	medico (m)	['mediko]
enfermeira (f)	infermiera (f)	[infer'mjera]
médico (m) pessoal	medico (m) personale	['mediko perso'nale]
dentista (m)	dentista (m)	[den'tista]
oculista (m)	oculista (m)	[oku'lista]
terapeuta (m)	internista (m)	[inter'nista]
cirurgião (m)	chirurgo (m)	[ki'rurgo]
psiquiatra (m)	psichiatra (m)	[psiki'atra]
pediatra (m)	pediatra (m)	[pedi'atra]
psicólogo (m)	psicologo (m)	[psi'kologo]
ginecologista (m)	ginecologo (m)	[dʒine'kologo]
cardiologista (m)	cardiologo (m)	[kar'djologo]

52. Medicina. Drogas. Acessórios

medicamento (m)	medicina (f)	[medi'tʃina]
remédio (m)	rimedio (m)	[ri'medio]
receitar (vt)	prescrivere (vt)	[pres'krivere]
receita (f)	prescrizione (f)	[preskri'tsjone]
comprimido (m)	compressa (f)	[kom'pressa]
pomada (f)	unguento (m)	[un'gwento]
ampola (f)	fiala (f)	[fi'ala]
preparado (m)	pozione (f)	[po'tsjone]
xarope (m)	sciroppo (m)	[ʃi'roppo]
cápsula (f)	pillola (f)	['pillola]
remédio (m) em pó	polverina (f)	[polve'rina]
ligadura (f)	benda (f)	['benda]
algodão (m)	ovatta (f)	[o'vatta]
iodo (m)	iodio (m)	[i'odio]
penso (m) rápido	cerotto (m)	[tʃe'rotto]
conta-gotas (m)	contagocce (m)	[konta'gotʃe]
termómetro (m)	termometro (m)	[ter'mometro]
seringa (f)	siringa (f)	[si'ringa]
cadeira (f) de rodas	sedia (f) a rotelle	['sedia a ro'telle]
muletas (f pl)	stampelle (f pl)	[stam'pelle]
analgésico (m)	analgesico (m)	[anal'dʒeziko]
laxante (m)	lassativo (m)	[lassa'tivo]

álcool (m) etílico	**alcol** (m)	[al'kol]
ervas (f pl) medicinais	**erba** (f) **officinale**	['erba offitʃi'nale]
de ervas (chá ~)	**d'erbe**	['derbe]

HABITAT HUMANO

Cidade

53. Cidade. Vida na cidade

cidade (f)	città (f)	[tʃit'ta]
capital (f)	capitale (f)	[kapi'tale]
aldeia (f)	villaggio (m)	[vil'ladʒo]
mapa (m) da cidade	mappa (f) della città	['mappa 'della tʃit'ta]
centro (m) da cidade	centro (m) della città	['tʃentro 'della tʃit'ta]
subúrbio (m)	sobborgo (m)	[sob'borgo]
suburbano	suburbano	[subur'bano]
periferia (f)	periferia (f)	[perife'ria]
arredores (m pl)	dintorni (m pl)	[din'torni]
quarteirão (m)	isolato (m)	[izo'lato]
quarteirão (m) residencial	quartiere (m) residenziale	[kwar'tjere reziden'tsjale]
tráfego (m)	traffico (m)	['traffiko]
semáforo (m)	semaforo (m)	[se'maforo]
transporte (m) público	trasporti (m pl) urbani	[tras'porti ur'bani]
cruzamento (m)	incrocio (m)	[in'krotʃo]
passadeira (f)	passaggio (m) pedonale	[pas'sadʒo pedo'nale]
passagem (f) subterrânea	sottopassaggio (m)	[sotto·pas'sadʒo]
cruzar, atravessar (vt)	attraversare (vt)	[attraver'sare]
peão (m)	pedone (m)	[pe'done]
passeio (m)	marciapiede (m)	[martʃa'pjede]
ponte (f)	ponte (m)	['ponte]
margem (f) do rio	banchina (f)	[baŋ'kina]
fonte (f)	fontana (f)	[fon'tana]
alameda (f)	vialetto (m)	[via'letto]
parque (m)	parco (m)	['parko]
bulevar (m)	boulevard (m)	[bul'var]
praça (f)	piazza (f)	['pjattsa]
avenida (f)	viale (m), corso (m)	[vi'ale], ['korso]
rua (f)	via (f), strada (f)	['via], ['strada]
travessa (f)	vicolo (m)	['vikolo]
beco (m) sem saída	vicolo (m) cieco	['vikolo 'tʃjeko]
casa (f)	casa (f)	['kaza]
edifício, prédio (m)	edificio (m)	[edi'fitʃo]
arranha-céus (m)	grattacielo (m)	[gratta'tʃelo]
fachada (f)	facciata (f)	[fa'tʃata]
telhado (m)	tetto (m)	['tetto]

janela (f)	finestra (f)	[fi'nestra]
arco (m)	arco (m)	['arko]
coluna (f)	colonna (f)	[ko'lonna]
esquina (f)	angolo (m)	['angolo]
montra (f)	vetrina (f)	[ve'trina]
letreiro (m)	insegna (f)	[in'seɲa]
cartaz (m)	cartellone (m)	[kartel'lone]
cartaz (m) publicitário	cartellone (m) pubblicitario	[kartel'lone pubblitʃi'tario]
painel (m) publicitário	tabellone (m) pubblicitario	[tabel'lone pubblitʃi'tario]
lixo (m)	pattume (m), spazzatura (f)	[pat'tume], [spattsa'tura]
cesta (f) do lixo	pattumiera (f)	[pattu'mjera]
jogar lixo na rua	sporcare (vi)	[spor'kare]
aterro (m) sanitário	discarica (f) di rifiuti	[dis'karika di ri'fjuti]
cabine (f) telefónica	cabina (f) telefonica	[ka'bina tele'fonika]
candeeiro (m) de rua	lampione (m)	[lam'pjone]
banco (m)	panchina (f)	[paŋ'kina]
polícia (m)	poliziotto (m)	[poli'tsjotto]
polícia (instituição)	polizia (f)	[poli'tsia]
mendigo (m)	mendicante (m)	[mendi'kante]
sem-abrigo (m)	barbone (m)	[bar'bone]

54. Instituições urbanas

loja (f)	negozio (m)	[ne'gotsio]
farmácia (f)	farmacia (f)	[farma'tʃia]
ótica (f)	ottica (f)	['ottika]
centro (m) comercial	centro (m) commerciale	['tʃentro kommer'tʃale]
supermercado (m)	supermercato (m)	[supermer'kato]
padaria (f)	panetteria (f)	[panette'ria]
padeiro (m)	fornaio (m)	[for'najo]
pastelaria (f)	pasticceria (f)	[pastitʃe'ria]
mercearia (f)	drogheria (f)	[droge'ria]
talho (m)	macelleria (f)	[matʃelle'ria]
loja (f) de legumes	fruttivendolo (m)	[frutti'vendolo]
mercado (m)	mercato (m)	[mer'kato]
café (m)	caffè (m)	[kaf'fe]
restaurante (m)	ristorante (m)	[risto'rante]
bar (m), cervejaria (f)	birreria (f), pub (m)	[birre'ria], [pab]
pizzaria (f)	pizzeria (f)	[pittse'ria]
salão (m) de cabeleireiro	salone (m) di parrucchiere	[sa'lone di parruk'kjere]
correios (m pl)	ufficio (m) postale	[uf'fitʃo po'stale]
lavandaria (f)	lavanderia (f) a secco	[lavande'ria a 'sekko]
estúdio (m) fotográfico	studio (m) fotografico	['studio foto'grafiko]
sapataria (f)	negozio (m) di scarpe	[ne'gotsio di 'skarpe]
livraria (f)	libreria (f)	[libre'ria]

loja (f) de artigos de desporto	negozio (m) sportivo	[ne'gotsio spor'tivo]
reparação (f) de roupa	riparazione (f) di abiti	[ripara'tsjone di 'abiti]
aluguer (m) de roupa	noleggio (m) di abiti	[no'ledʒo di 'abiti]
aluguer (m) de filmes	noleggio (m) di film	[no'ledʒo di film]
circo (m)	circo (m)	['ʧirko]
jardim (m) zoológico	zoo (m)	['dzoo]
cinema (m)	cinema (m)	['ʧinema]
museu (m)	museo (m)	[mu'zeo]
biblioteca (f)	biblioteca (f)	[biblio'teka]
teatro (m)	teatro (m)	[te'atro]
ópera (f)	teatro (m) dell'opera	[te'atro dell 'opera]
clube (m) noturno	locale notturno (m)	[lo'kale not'turno]
casino (m)	casinò (m)	[kazi'no]
mesquita (f)	moschea (f)	[mos'kea]
sinagoga (f)	sinagoga (f)	[sina'goga]
catedral (f)	cattedrale (f)	[katte'drale]
templo (m)	tempio (m)	['tempjo]
igreja (f)	chiesa (f)	['kjeza]
instituto (m)	istituto (m)	[isti'tuto]
universidade (f)	università (f)	[universi'ta]
escola (f)	scuola (f)	['skwola]
prefeitura (f)	prefettura (f)	[prefet'tura]
câmara (f) municipal	municipio (m)	[muni'ʧipio]
hotel (m)	albergo (m)	[al'bergo]
banco (m)	banca (f)	['banka]
embaixada (f)	ambasciata (f)	[amba'ʃata]
agência (f) de viagens	agenzia (f) di viaggi	[adʒen'tsia di 'vjadʒi]
agência (f) de informações	ufficio (m) informazioni	[uf'fiʧo informa'tsjoni]
casa (f) de câmbio	ufficio (m) dei cambi	[uf'fiʧo dei 'kambi]
metro (m)	metropolitana (f)	[metropoli'tana]
hospital (m)	ospedale (m)	[ospe'dale]
posto (m) de gasolina	distributore (m) di benzina	[distribu'tore di ben'dzina]
parque (m) de estacionamento	parcheggio (m)	[par'kedʒo]

55. Sinais

letreiro (m)	insegna (f)	[in'seɲa]
inscrição (f)	iscrizione (f)	[iskri'tsjone]
cartaz, póster (m)	cartellone (m)	[kartel'lone]
sinal (m) informativo	segnale (m) di direzione	[se'ɲale di dire'tsjone]
seta (f)	freccia (f)	['freʧa]
aviso (advertência)	avvertimento (m)	[avverti'mento]
sinal (m) de aviso	avvertimento (m)	[avverti'mento]
avisar, advertir (vt)	avvertire (vt)	[avver'tire]
dia (m) de folga	giorno (m) di riposo	['dʒorno di ri'pozo]

horário (m)	orario (m)	[o'rario]
horário (m) de funcionamento	orario (m) di apertura	[o'rario di aper'tura]
BEM-VINDOS!	BENVENUTI!	[benve'nuti]
ENTRADA	ENTRATA	[en'trata]
SAÍDA	USCITA	[u'ʃita]
EMPURRE	SPINGERE	['spindʒere]
PUXE	TIRARE	[ti'rare]
ABERTO	APERTO	[a'perto]
FECHADO	CHIUSO	['kjuzo]
MULHER	DONNE	['donne]
HOMEM	UOMINI	[u'omini]
DESCONTOS	SCONTI	['skonti]
SALDOS	SALDI	['saldi]
NOVIDADE!	NOVITÀ!	[novi'ta]
GRÁTIS	GRATIS	['gratis]
ATENÇÃO!	ATTENZIONE!	[atten'tsjone]
NÃO HÁ VAGAS	COMPLETO	[kom'pleto]
RESERVADO	RISERVATO	[rizer'vato]
ADMINISTRAÇÃO	AMMINISTRAZIONE	[amministra'tsjone]
SOMENTE PESSOAL AUTORIZADO	RISERVATO AL PERSONALE	[rizer'vato al perso'nale]
CUIDADO CÃO FEROZ	ATTENTI AL CANE	[at'tenti al 'kane]
PROIBIDO FUMAR!	VIETATO FUMARE!	[vje'tato fu'mare]
NÃO TOCAR	NON TOCCARE	[non tok'kare]
PERIGOSO	PERICOLOSO	[periko'lozo]
PERIGO	PERICOLO	[pe'rikolo]
ALTA TENSÃO	ALTA TENSIONE	['alta ten'sjone]
PROIBIDO NADAR	DIVIETO DI BALNEAZIONE	[di'vjeto di balnea'tsjone]
AVARIADO	GUASTO	['gwasto]
INFLAMÁVEL	INFIAMMABILE	[infjam'mabile]
PROIBIDO	VIETATO	[vje'tato]
ENTRADA PROIBIDA	VIETATO L'INGRESSO	[vje'tato lin'greso]
CUIDADO TINTA FRESCA	VERNICE FRESCA	[ver'nitʃe 'freska]

56. Transportes urbanos

autocarro (m)	autobus (m)	['autobus]
elétrico (m)	tram (m)	[tram]
troleicarro (m)	filobus (m)	['filobus]
itinerário (m)	itinerario (m)	[itine'rario]
número (m)	numero (m)	['numero]
ir de ... (carro, etc.)	andare in ...	[an'dare in]
entrar (~ no autocarro)	salire su ...	[sa'lire su]
descer de ...	scendere da ...	['ʃendere da]

paragem (f)	fermata (f)	[fer'mata]
próxima paragem (f)	prossima fermata (f)	['prossima fer'mata]
ponto (m) final	capolinea (m)	[kapo'linea]
horário (m)	orario (m)	[o'rario]
esperar (vt)	aspettare (vt)	[aspet'tare]
bilhete (m)	biglietto (m)	[biʎ'ʎetto]
custo (m) do bilhete	prezzo (m) del biglietto	['prettso del biʎ'ʎetto]
bilheteiro (m)	cassiere (m)	[kas'sjere]
controlo (m) dos bilhetes	controllo (m) dei biglietti	[kon'trollo dei biʎ'ʎeti]
revisor (m)	bigliettaio (m)	[biʎʎet'tajo]
atrasar-se (vr)	essere in ritardo	['essere in ri'tardo]
perder (o autocarro, etc.)	perdere (vt)	['perdere]
estar com pressa	avere fretta	[a'vere 'fretta]
táxi (m)	taxi (m)	['taksi]
taxista (m)	taxista (m)	[ta'ksista]
de táxi (ir ~)	in taxi	[in 'taksi]
praça (f) de táxis	parcheggio (m) di taxi	[par'kedʒo di 'taksi]
chamar um táxi	chiamare un taxi	[kja'mare un 'taksi]
apanhar um táxi	prendere un taxi	['prendere un 'taksi]
tráfego (m)	traffico (m)	['traffiko]
engarrafamento (m)	ingorgo (m)	[in'gorgo]
horas (f pl) de ponta	ore (f pl) di punta	['ore di 'punta]
estacionar (vi)	parcheggiarsi (vr)	[parke'dʒarsi]
estacionar (vt)	parcheggiare (vt)	[parke'dʒare]
parque (m) de estacionamento	parcheggio (m)	[par'kedʒo]
metro (m)	metropolitana (f)	[metropoli'tana]
estação (f)	stazione (f)	[sta'tsjone]
ir de metro	prendere la metropolitana	['prendere la metropoli'tana]
comboio (m)	treno (m)	['treno]
estação (f)	stazione (f) ferroviaria	[sta'tsjone ferro'vjaria]

57. Turismo

monumento (m)	monumento (m)	[monu'mento]
fortaleza (f)	fortezza (f)	[for'tettsa]
palácio (m)	palazzo (m)	[pa'lattso]
castelo (m)	castello (m)	[ka'stello]
torre (f)	torre (f)	['torre]
mausoléu (m)	mausoleo (m)	[mauzo'leo]
arquitetura (f)	architettura (f)	[arkitet'tura]
medieval	medievale	[medje'vale]
antigo	antico	[an'tiko]
nacional	nazionale	[natsio'nale]
conhecido	famoso	[fa'mozo]
turista (m)	turista (m)	[tu'rista]
guia (pessoa)	guida (f)	['gwida]

excursão (f)	escursione (f)	[eskur'sjone]
mostrar (vt)	fare vedere	['fare ve'dere]
contar (vt)	raccontare (vt)	[rakkon'tare]
encontrar (vt)	trovare (vt)	[tro'vare]
perder-se (vr)	perdersi (vr)	['perdersi]
mapa (~ do metrô)	mappa (f)	['mappa]
mapa (~ da cidade)	piantina (f)	[pjan'tina]
lembrança (f), presente (m)	souvenir (m)	[suve'nir]
loja (f) de presentes	negozio (m) di articoli da regalo	[ne'gotsio di ar'tikoli da re'galo]
fotografar (vt)	fare foto	['fare 'foto]
fotografar-se	fotografarsi	[fotogra'farsi]

58. Compras

comprar (vt)	comprare (vt)	[kom'prare]
compra (f)	acquisto (m)	[a'kwisto]
fazer compras	fare acquisti	['fare a'kwisti]
compras (f pl)	shopping (m)	['ʃopping]
estar aberta (loja, etc.)	essere aperto	['essere a'perto]
estar fechada	essere chiuso	['essere 'kjuzo]
calçado (m)	calzature (f pl)	[kaltsa'ture]
roupa (f)	abbigliamento (m)	[abbiʎʎa'mento]
cosméticos (m pl)	cosmetica (f)	[ko'zmetika]
alimentos (m pl)	alimentari (m pl)	[alimen'tari]
presente (m)	regalo (m)	[re'galo]
vendedor (m)	commesso (m)	[kom'messo]
vendedora (f)	commessa (f)	[kom'messa]
caixa (f)	cassa (f)	['kassa]
espelho (m)	specchio (m)	['spekkio]
balcão (m)	banco (m)	['banko]
cabine (f) de provas	camerino (m)	[kame'rino]
provar (vt)	provare (vt)	[pro'vare]
servir (vi)	stare bene	['stare 'bene]
gostar (apreciar)	piacere (vi)	[pja'tʃere]
preço (m)	prezzo (m)	['prettso]
etiqueta (f) de preço	etichetta (f) del prezzo	[eti'ketta del 'prettso]
custar (vt)	costare (vt)	[ko'stare]
Quanto?	Quanto?	['kwanto]
desconto (m)	sconto (m)	['skonto]
não caro	no muy caro	[no muj 'karo]
barato	a buon mercato	[a bu'on mer'kato]
caro	caro	['karo]
É caro	È caro	[e 'karo]
aluguer (m)	noleggio (m)	[no'ledʒo]

alugar (vestidos, etc.)	noleggiare (vt)	[nole'dʒare]
crédito (m)	credito (m)	['kredito]
a crédito	a credito	[a 'kredito]

59. Dinheiro

dinheiro (m)	soldi (m pl)	['soldi]
câmbio (m)	cambio (m)	['kambio]
taxa (f) de câmbio	corso (m) di cambio	['korso di 'kambio]
Caixa Multibanco (m)	bancomat (m)	['bankomat]
moeda (f)	moneta (f)	[mo'neta]

| dólar (m) | dollaro (m) | ['dollaro] |
| euro (m) | euro (m) | ['euro] |

lira (f)	lira (f)	['lira]
marco (m)	marco (m)	['marko]
franco (m)	franco (m)	['franko]
libra (f) esterlina	sterlina (f)	[ster'lina]
iene (m)	yen (m)	[jen]

dívida (f)	debito (m)	['debito]
devedor (m)	debitore (m)	[debi'tore]
emprestar (vt)	prestare (vt)	[pre'stare]
pedir emprestado	prendere in prestito	['prendere in 'prestito]

banco (m)	banca (f)	['banka]
conta (f)	conto (m)	['konto]
depositar na conta	versare sul conto	[ver'sare sul 'konto]
levantar (vt)	prelevare dal conto	[prele'vare dal 'konto]

cartão (m) de crédito	carta (f) di credito	['karta di 'kredito]
dinheiro (m) vivo	contanti (m pl)	[kon'tanti]
cheque (m)	assegno (m)	[as'seɲo]
passar um cheque	emettere un assegno	[e'mettere un as'seɲo]
livro (m) de cheques	libretto (m) di assegni	[li'bretto di as'seɲi]

carteira (f)	portafoglio (m)	[porta·'foʎʎo]
porta-moedas (m)	borsellino (m)	[borsel'lino]
cofre (m)	cassaforte (f)	[kassa'forte]

herdeiro (m)	erede (m)	[e'rede]
herança (f)	eredità (f)	[eredi'ta]
fortuna (riqueza)	fortuna (f)	[for'tuna]

arrendamento (m)	affitto (m)	[af'fitto]
renda (f) de casa	affitto (m)	[af'fitto]
alugar (vt)	affittare (vt)	[affit'tare]

preço (m)	prezzo (m)	['prettso]
custo (m)	costo (m), prezzo (m)	['kosto], ['prettso]
soma (f)	somma (f)	['somma]
gastar (vt)	spendere (vt)	['spendere]
gastos (m pl)	spese (f pl)	['speze]

economizar (vi)	economizzare (vi, vt)	[ekonomid'dzare]
económico	economico	[eko'nomiko]
pagar (vt)	pagare (vi, vt)	[pa'gare]
pagamento (m)	pagamento (m)	[paga'mento]
troco (m)	resto (m)	['resto]
imposto (m)	imposta (f)	[im'posta]
multa (f)	multa (f), ammenda (f)	['multa], [am'menda]
multar (vt)	multare (vt)	[mul'tare]

60. Correios. Serviço postal

correios (m pl)	posta (f), ufficio (m) postale	['posta], [uf'fitʃo po'stale]
correio (m)	posta (f)	['posta]
carteiro (m)	postino (m)	[po'stino]
horário (m)	orario (m) di apertura	[o'rario di aper'tura]
carta (f)	lettera (f)	['lettera]
carta (f) registada	raccomandata (f)	[rakkoman'data]
postal (m)	cartolina (f)	[karto'lina]
telegrama (m)	telegramma (m)	[tele'gramma]
encomenda (f) postal	pacco (m) postale	['pakko po'stale]
remessa (f) de dinheiro	vaglia (m) postale	['vaʎʎa po'stale]
receber (vt)	ricevere (vt)	[ri'tʃevere]
enviar (vt)	spedire (vt)	[spe'dire]
envio (m)	invio (m)	[in'vio]
endereço (m)	indirizzo (m)	[indi'rittso]
código (m) postal	codice (m) postale	['koditʃe po'stale]
remetente (m)	mittente (m)	[mit'tente]
destinatário (m)	destinatario (m)	[destina'tario]
nome (m)	nome (m)	['nome]
apelido (m)	cognome (m)	[ko'ɲome]
tarifa (f)	tariffa (f)	[ta'riffa]
ordinário	ordinario	[ordi'nario]
económico	standard	['standar]
peso (m)	peso (m)	['pezo]
pesar (estabelecer o peso)	pesare (vt)	[pe'zare]
envelope (m)	busta (f)	['busta]
selo (m)	francobollo (m)	[franko'bollo]

Moradia. Casa. Lar

61. Casa. Eletricidade

eletricidade (f)	elettricità (f)	[elettritʃi'ta]
lâmpada (f)	lampadina (f)	[lampa'dina]
interruptor (m)	interruttore (m)	[interrut'tore]
fusível (m)	fusibile (m)	[fu'zibile]
fio, cabo (m)	filo (m)	['filo]
instalação (f) elétrica	impianto (m) elettrico	[im'pjanto e'lettriko]
contador (m) de eletricidade	contatore (m) dell'elettricità	[konta'tore dell elettritʃi'ta]
indicação (f), registo (m)	lettura, indicazione (f)	[let'tura], [indika'tsjone]

62. Moradia. Mansão

casa (f) de campo	casa (f) di campagna	['kaza di kam'paɲa]
vila (f)	villa (f)	['villa]
ala (~ do edifício)	ala (f)	['ala]
jardim (m)	giardino (m)	[dʒar'dino]
parque (m)	parco (m)	['parko]
estufa (f)	serra (f)	['serra]
cuidar de ...	prendersi cura di	['prendersi 'kura di]
piscina (f)	piscina (f)	[pi'ʃina]
ginásio (m)	palestra (f)	[pa'lestra]
campo (m) de ténis	campo (m) da tennis	['kampo da 'tennis]
cinema (m)	home cinema (m)	['om 'tʃinema]
garagem (f)	garage (m)	[ga'raʒ]
propriedade (f) privada	proprietà (f) privata	[proprie'ta pri'vata]
terreno (m) privado	terreno (m) privato	[ter'reno pri'vato]
advertência (f)	avvertimento (m)	[avverti'mento]
sinal (m) de aviso	cartello (m) di avvertimento	['kartello di avverti'mento]
guarda (f)	sicurezza (f)	[siku'rettsa]
guarda (m)	guardia (f) giurata	['gwardia dʒu'rata]
alarme (m)	allarme (f) antifurto	[al'larme anti'furto]

63. Apartamento

apartamento (m)	appartamento (m)	[apparta'mento]
quarto (m)	camera (f), stanza (f)	['kamera], ['stantsa]
quarto (m) de dormir	camera (f) da letto	['kamera da 'letto]

sala (f) de jantar	sala (f) da pranzo	['sala da 'prantso]
sala (f) de estar	salotto (m)	[sa'lotto]
escritório (m)	studio (m)	['studio]
antessala (f)	ingresso (m)	[in'gresso]
quarto (m) de banho	bagno (m)	['baɲo]
toilette (lavabo)	gabinetto (m)	[gabi'netto]
teto (m)	soffitto (m)	[sof'fitto]
chão, soalho (m)	pavimento (m)	[pavi'mento]
canto (m)	angolo (m)	['angolo]

64. Mobiliário. Interior

mobiliário (m)	mobili (m pl)	['mobili]
mesa (f)	tavolo (m)	['tavolo]
cadeira (f)	sedia (f)	['sedia]
cama (f)	letto (m)	['letto]
divã (m)	divano (m)	[di'vano]
cadeirão (m)	poltrona (f)	[pol'trona]
estante (f)	libreria (f)	[libre'ria]
prateleira (f)	ripiano (m)	[ri'pjano]
guarda-vestidos (m)	armadio (m)	[ar'madio]
cabide (m) de parede	attaccapanni (m) da parete	[attakka'panni da pa'rete]
cabide (m) de pé	appendiabiti (m) da terra	[apen'djabiti da terra]
cómoda (f)	comò (m)	[ko'mo]
mesinha (f) de centro	tavolino (m) da salotto	[tavo'lina da sa'lotto]
espelho (m)	specchio (m)	['spekkio]
tapete (m)	tappeto (m)	[tap'peto]
tapete (m) pequeno	tappetino (m)	[tappe'tino]
lareira (f)	camino (m)	[ka'mino]
vela (f)	candela (f)	[kan'dela]
castiçal (m)	candeliere (m)	[kande'ljere]
cortinas (f pl)	tende (f pl)	['tende]
papel (m) de parede	carta (f) da parati	['karta da pa'rati]
estores (f pl)	tende (f pl) alla veneziana	['tende alla vene'tsjana]
candeeiro (m) de mesa	lampada (f) da tavolo	['lampada da 'tavolo]
candeeiro (m) de parede	lampada (f) da parete	['lampada da pa'rete]
candeeiro (m) de pé	lampada (f) a stelo	['lampada a 'stelo]
lustre (m)	lampadario (m)	[lampa'dario]
pé (de mesa, etc.)	gamba (f)	['gamba]
braço (m)	bracciolo (m)	['bratʃolo]
costas (f pl)	spalliera (f)	[spal'ljera]
gaveta (f)	cassetto (m)	[kas'setto]

65. Quarto de dormir

roupa (f) de cama	biancheria (f) da letto	[bjanke'ria da 'letto]
almofada (f)	cuscino (m)	[ku'ʃino]
fronha (f)	federa (f)	['federa]
cobertor (m)	coperta (f)	[ko'perta]
lençol (m)	lenzuolo (m)	[lentsu'olo]
colcha (f)	copriletto (m)	[kopri'letto]

66. Cozinha

cozinha (f)	cucina (f)	[ku'tʃina]
gás (m)	gas (m)	[gas]
fogão (m) a gás	fornello (m) a gas	[for'nello a gas]
fogão (m) elétrico	fornello (m) elettrico	[for'nello e'lettriko]
forno (m)	forno (m)	['forno]
forno (m) de micro-ondas	forno (m) a microonde	['forno a mikro'onde]
frigorífico (m)	frigorifero (m)	[frigo'rifero]
congelador (m)	congelatore (m)	[kondʒela'tore]
máquina (f) de lavar louça	lavastoviglie (f)	[lavasto'viʎʎe]
moedor (m) de carne	tritacarne (m)	[trita'karne]
espremedor (m)	spremifrutta (m)	[spremi'frutta]
torradeira (f)	tostapane (m)	[tosta'pane]
batedeira (f)	mixer (m)	['mikser]
máquina (f) de café	macchina (f) da caffè	['makkina da kaf'fe]
cafeteira (f)	caffettiera (f)	[kaffet'tjera]
moinho (m) de café	macinacaffè (m)	[matʃinakaf'fe]
chaleira (f)	bollitore (m)	[bolli'tore]
bule (m)	teiera (f)	[te'jera]
tampa (f)	coperchio (m)	[ko'perkio]
coador (m) de chá	colino (m) da tè	[ko'lino da te]
colher (f)	cucchiaio (m)	[kuk'kjajo]
colher (f) de chá	cucchiaino (m) da tè	[kuk'kjajno da 'te]
colher (f) de sopa	cucchiaio (m)	[kuk'kjajo]
garfo (m)	forchetta (f)	[for'ketta]
faca (f)	coltello (m)	[kol'tello]
louça (f)	stoviglie (f pl)	[sto'viʎʎe]
prato (m)	piatto (m)	['pjatto]
pires (m)	piattino (m)	[pjat'tino]
cálice (m)	cicchetto (m)	[tʃik'ketto]
copo (m)	bicchiere (m)	[bik'kjere]
chávena (f)	tazzina (f)	[tat'tsina]
açucareiro (m)	zuccheriera (f)	[dzukke'rjera]
saleiro (m)	saliera (f)	[sa'ljera]
pimenteiro (m)	pepiera (f)	[pe'pjera]

manteigueira (f)	burriera (f)	[bur'rjera]
panela, caçarola (f)	pentola (f)	['pentola]
frigideira (f)	padella (f)	[pa'della]
concha (f)	mestolo (m)	['mestolo]
passador (m)	colapasta (m)	[kola'pasta]
bandeja (f)	vassoio (m)	[vas'sojo]
garrafa (f)	bottiglia (f)	[bot'tiʎʎa]
boião (m) de vidro	barattolo (m) di vetro	[ba'rattolo di 'vetro]
lata (f)	latta (f), lattina (f)	['latta], [lat'tina]
abre-garrafas (m)	apribottiglie (m)	[apribot'tiʎʎe]
abre-latas (m)	apriscatole (m)	[apri'skatole]
saca-rolhas (m)	cavatappi (m)	[kava'tappi]
filtro (m)	filtro (m)	['filtro]
filtrar (vt)	filtrare (vt)	[fil'trare]
lixo (m)	spazzatura (f)	[spattsa'tura]
balde (m) do lixo	pattumiera (f)	[pattu'mjera]

67. Casa de banho

quarto (m) de banho	bagno (m)	['baɲo]
água (f)	acqua (f)	['akwa]
torneira (f)	rubinetto (m)	[rubi'netto]
água (f) quente	acqua (f) calda	['akwa 'kalda]
água (f) fria	acqua (f) fredda	['akwa 'fredda]
pasta (f) de dentes	dentifricio (m)	[denti'fritʃo]
escovar os dentes	lavarsi i denti	[la'varsi i 'denti]
escova (f) de dentes	spazzolino (m) da denti	[spatso'lino da 'denti]
barbear-se (vr)	rasarsi (vr)	[ra'zarsi]
espuma (f) de barbear	schiuma (f) da barba	['skjuma da 'barba]
máquina (f) de barbear	rasoio (m)	[ra'zojo]
lavar (vt)	lavare (vt)	[la'vare]
lavar-se (vr)	fare un bagno	['fare un 'baɲo]
duche (m)	doccia (f)	['dotʃa]
tomar um duche	fare una doccia	['fare 'una 'dotʃa]
banheira (f)	vasca (f) da bagno	['vaska da 'baɲo]
sanita (f)	water (m)	['vater]
lavatório (m)	lavandino (m)	[lavan'dino]
sabonete (m)	sapone (m)	[sa'pone]
saboneteira (f)	porta (m) sapone	['porta sa'pone]
esponja (f)	spugna (f)	['spuɲa]
champô (m)	shampoo (m)	['ʃampo]
toalha (f)	asciugamano (m)	[aʃuga'mano]
roupão (m) de banho	accappatoio (m)	[akkappa'tojo]
lavagem (f)	bucato (m)	[bu'kato]
máquina (f) de lavar	lavatrice (f)	[lava'tritʃe]

lavar a roupa	fare il bucato	['fare il bu'kato]
detergente (m)	detersivo (m) per il bucato	[deter'sivo per il bu'kato]

68. Eletrodomésticos

televisor (m)	televisore (m)	[televi'zore]
gravador (m)	registratore (m) a nastro	[redʒistra'tore a 'nastro]
videogravador (m)	videoregistratore (m)	[video·redʒistra'tore]
rádio (m)	radio (f)	['radio]
leitor (m)	lettore (m)	[let'tore]
projetor (m)	videoproiettore (m)	[video·projet'tore]
cinema (m) em casa	home cinema (m)	['om 'tʃinema]
leitor (m) de DVD	lettore (m) DVD	[let'tore divu'di]
amplificador (m)	amplificatore (m)	[amplifika'tore]
console (f) de jogos	console (f) video giochi	['konsole 'video 'dʒoki]
câmara (f) de vídeo	videocamera (f)	[video·'kamera]
máquina (f) fotográfica	macchina (f) fotografica	['makkina foto'grafika]
câmara (f) digital	fotocamera (f) digitale	[foto'kamera didʒi'tale]
aspirador (m)	aspirapolvere (m)	[aspira·'polvere]
ferro (m) de engomar	ferro (m) da stiro	['ferro da 'stiro]
tábua (f) de engomar	asse (f) da stiro	['asse da 'stiro]
telefone (m)	telefono (m)	[te'lefono]
telemóvel (m)	telefonino (m)	[telefo'nino]
máquina (f) de escrever	macchina (f) da scrivere	['makkina da 'skrivere]
máquina (f) de costura	macchina (f) da cucire	['makkina da ku'tʃire]
microfone (m)	microfono (m)	[mi'krofono]
auscultadores (m pl)	cuffia (f)	['kuffia]
controlo remoto (m)	telecomando (m)	[teleko'mando]
CD (m)	CD (m)	[tʃi'di]
cassete (f)	cassetta (f)	[kas'setta]
disco (m) de vinil	disco (m)	['disko]

ATIVIDADES HUMANAS

Emprego. Negócios. Parte 1

69. Escritório. O trabalho no escritório

escritório (~ de advogados)	ufficio (m)	[uf'fitʃo]
escritório (do diretor, etc.)	ufficio (m)	[uf'fitʃo]
receção (f)	portineria (f)	[portine'ria]
secretário (m)	segretario (m)	[segre'tario]
secretária (f)	segretaria (f)	[segre'taria]
diretor (m)	direttore (m)	[diret'tore]
gerente (m)	manager (m)	['menedʒer]
contabilista (m)	contabile (m)	[kon'tabile]
empregado (m)	impiegato (m)	[impje'gato]
mobiliário (m)	mobili (m pl)	['mobili]
mesa (f)	scrivania (f)	[skriva'nia]
cadeira (f)	poltrona (f)	[pol'trona]
bloco (m) de gavetas	cassettiera (f)	[kasset'tjera]
cabide (m) de pé	appendiabiti (m) da terra	[apen'djabiti da terra]
computador (m)	computer (m)	[kom'pjuter]
impressora (f)	stampante (f)	[stam'pante]
fax (m)	fax (m)	[faks]
fotocopiadora (f)	fotocopiatrice (f)	[fotokopja'tritʃe]
papel (m)	carta (f)	['karta]
artigos (m pl) de escritório	cancelleria (f)	[kantʃelle'ria]
tapete (m) de rato	tappetino (m) del mouse	[tappe'tino del 'maus]
folha (f) de papel	foglio (m)	['foʎʎo]
pasta (f)	cartella (f)	[kar'tella]
catálogo (m)	catalogo (m)	[ka'talogo]
diretório (f) telefónico	elenco (m) del telefono	[e'lenko del te'lefono]
documentação (f)	documentazione (f)	[dokumenta'tsjone]
brochura (f)	opuscolo (m)	[o'puskolo]
flyer (m)	volantino (m)	[volan'tino]
amostra (f)	campione (m)	[kam'pjone]
formação (f)	formazione (f)	[forma'tsjone]
reunião (f)	riunione (f)	[riu'njone]
hora (f) de almoço	pausa (f) pranzo	['pauza 'prantso]
fazer uma cópia	copiare (vt)	[ko'pjare]
tirar cópias	fare copie	['fare 'kopje]
receber um fax	ricevere un fax	[ri'tʃevere un faks]
enviar um fax	spedire un fax	[spe'dire un faks]

fazer uma chamada	telefonare (vi, vt)	[telefo'nare]
responder (vt)	rispondere (vi, vt)	[ris'pondere]
passar (vt)	passare (vt)	[pas'sare]

marcar (vt)	fissare (vt)	[fis'sare]
demonstrar (vt)	dimostrare (vt)	[dimo'strare]
estar ausente	essere assente	['essere as'sente]
ausência (f)	assenza (f)	[as'sentsa]

70. Processos negociais. Parte 1

ocupação (f)	occupazione (f)	[okkupa'tsjone]
firma, empresa (f)	ditta (f)	['ditta]
companhia (f)	compagnia (f)	[kompa'ɲia]
corporação (f)	corporazione (f)	[korpora'tsjone]
empresa (f)	impresa (f)	[im'preza]
agência (f)	agenzia (f)	[adʒen'tsia]

acordo (documento)	accordo (m)	[ak'kordo]
contrato (m)	contratto (m)	[kon'tratto]
acordo (transação)	affare (m)	[af'fare]
encomenda (f)	ordine (m)	['ordine]
cláusulas (f pl), termos (m pl)	termine (m) dell'accordo	['termine dell ak'kordo]

por grosso (adv)	all'ingrosso	[all in'grosso]
por grosso (adj)	all'ingrosso	[all in'grosso]
venda (f) por grosso	vendita (f) all'ingrosso	['vendita all in'grosso]
a retalho	al dettaglio	[al det'taʎʎo]
venda (f) a retalho	vendita (f) al dettaglio	['vendita al det'taʎʎo]

concorrente (m)	concorrente (m)	[konkor'rente]
concorrência (f)	concorrenza (f)	[konkor'rentsa]
competir (vi)	competere (vi)	[kom'petere]

| sócio (m) | socio (m), partner (m) | ['sotʃo], ['partner] |
| parceria (f) | partenariato (m) | [partena'rjato] |

crise (f)	crisi (f)	['krizi]
bancarrota (f)	bancarotta (f)	[banka'rotta]
entrar em falência	fallire (vi)	[fal'lire]
dificuldade (f)	difficoltà (f)	[diffikol'ta]
problema (m)	problema (m)	[pro'blema]
catástrofe (f)	disastro (m)	[di'zastro]

economia (f)	economia (f)	[ekono'mia]
económico	economico	[eko'nomiko]
recessão (f) económica	recessione (f) economica	[retʃes'sjone eko'nomika]

| objetivo (m) | scopo (m), obiettivo (m) | ['skopo], [objet'tivo] |
| tarefa (f) | incarico (m) | [in'kariko] |

comerciar (vi, vt)	commerciare (vi)	[kommer'tʃare]
rede (de distribuição)	rete (f)	['rete]
estoque (m)	giacenza (f)	[dʒia'tʃentsa]

sortimento (m)	assortimento (m)	[assorti'mento]
líder (m)	leader (m), capo (m)	['lider], ['kapo]
grande (~ empresa)	grande	['grande]
monopólio (m)	monopolio (m)	[mono'polio]
teoria (f)	teoria (f)	[teo'ria]
prática (f)	pratica (f)	['pratika]
experiência (falar por ~)	esperienza (f)	[espe'rjentsa]
tendência (f)	tendenza (f)	[ten'dentsa]
desenvolvimento (m)	sviluppo (m)	[zvi'luppo]

71. Processos negociais. Parte 2

rentabilidade (f)	profitto (m)	[pro'fitto]
rentável	profittevole	[profit'tevole]
delegação (f)	delegazione (f)	[delega'tsjone]
salário, ordenado (m)	stipendio (m)	[sti'pendio]
corrigir (um erro)	correggere (vt)	[kor'redʒere]
viagem (f) de negócios	viaggio (m) d'affari	['vjadʒo daf'fari]
comissão (f)	commissione (f)	[kommi'sjone]
controlar (vt)	controllare (vt)	[kontrol'lare]
conferência (f)	conferenza (f)	[konfe'rentsa]
licença (f)	licenza (f)	[li'tʃentsa]
confiável	affidabile	[affi'dabile]
empreendimento (m)	iniziativa (f)	[initsja'tiva]
norma (f)	norma (f)	['norma]
circunstância (f)	circostanza (f)	[tʃirko'stantsa]
dever (m)	mansione (f)	[man'sjone]
empresa (f)	impresa (f)	[im'preza]
organização (f)	organizzazione (f)	[organiddza'tsjone]
organizado	organizzato	[organid'dzato]
anulação (f)	annullamento (m)	[annulla'mento]
anular, cancelar (vt)	annullare (vt)	[annul'lare]
relatório (m)	rapporto (m)	[rap'porto]
patente (f)	brevetto (m)	[bre'vetto]
patentear (vt)	brevettare (vt)	[brevet'tare]
planear (vt)	pianificare (vt)	[pjanifi'kare]
prémio (m)	premio (m)	['premio]
profissional	professionale	[professjo'nale]
procedimento (m)	procedura (f)	[protʃe'dura]
examinar (a questão)	esaminare (vt)	[ezami'nare]
cálculo (m)	calcolo (m)	['kalkolo]
reputação (f)	reputazione (f)	[reputa'tsjone]
risco (m)	rischio (m)	['riskio]
dirigir (~ uma empresa)	dirigere (vt)	[di'ridʒere]
informação (f)	informazioni (f pl)	[informa'tsjoni]

| propriedade (f) | proprietà (f) | [proprie'ta] |
| união (f) | unione (f) | [uni'one] |

seguro (m) de vida	assicurazione (f) sulla vita	[assikura'tsjone 'sulla 'vita]
fazer um seguro	assicurare (vt)	[assiku'rare]
seguro (m)	assicurazione (f)	[assikura'tsjone]

leilão (m)	asta (f)	['asta]
notificar (vt)	avvisare (vt)	[avvi'zare]
gestão (f)	gestione (f)	[dʒes'tjone]
serviço (indústria de ~s)	servizio (m)	[ser'vitsio]

fórum (m)	forum (m)	['forum]
funcionar (vi)	funzionare (vi)	[funtsjo'nare]
estágio (m)	stadio (m)	['stadio]
jurídico	giuridico	[dʒu'ridiko]
jurista (m)	esperto (m) legale	[e'sperto le'gale]

72. Produção. Trabalhos

usina (f)	stabilimento (m)	[stabili'mento]
fábrica (f)	fabbrica (f)	['fabbrika]
oficina (f)	officina (f) di produzione	[offi'tʃina di produ'tsjone]
local (m) de produção	stabilimento (m)	[stabili'mento]

indústria (f)	industria (f)	[in'dustria]
industrial	industriale	[industri'ale]
indústria (f) pesada	industria (f) pesante	[in'dustria pe'zante]
indústria (f) ligeira	industria (f) leggera	[in'dustria le'dʒera]

produção (f)	prodotti (m pl)	[pro'dotti]
produzir (vt)	produrre (vt)	[pro'durre]
matérias-primas (f pl)	materia (f) prima	[ma'teria 'prima]

chefe (m) de brigada	caposquadra (m)	[kapo'skwadra]
brigada (f)	squadra (f)	['skwadra]
operário (m)	operaio (m)	[ope'rajo]

dia (m) de trabalho	giorno (m) lavorativo	['dʒorno lavora'tivo]
pausa (f)	pausa (f)	['pauza]
reunião (f)	riunione (f)	[riu'njone]
discutir (vt)	discutere (vt)	[di'skutere]

plano (m)	piano (m)	['pjano]
cumprir o plano	eseguire il piano	[eze'gwire il 'pjano]
taxa (f) de produção	tasso (m) di produzione	['tasso di produ'tsjone]
qualidade (f)	qualità (f)	[kwali'ta]
controlo (m)	controllo (m)	[kon'trollo]
controlo (m) da qualidade	controllo (m) di qualità	[kon'trollo di kwali'ta]

segurança (f) no trabalho	sicurezza (f) sul lavoro	[siku'rettsa sul la'voro]
disciplina (f)	disciplina (f)	[diʃi'plina]
infração (f)	infrazione (f)	[infra'tsjone]
violar (as regras)	violare (vt)	[vio'lare]

greve (f)	sciopero (m)	[ˈʃopero]
grevista (m)	scioperante (m)	[ʃopeˈrante]
estar em greve	fare sciopero	[ˈfare ˈʃopero]
sindicato (m)	sindacato (m)	[sindaˈkato]

inventar (vt)	inventare (vt)	[invenˈtare]
invenção (f)	invenzione (f)	[invenˈtsjone]
pesquisa (f)	ricerca (f)	[riˈtʃerka]
melhorar (vt)	migliorare (vt)	[miʎʎoˈrare]
tecnologia (f)	tecnologia (f)	[teknoloˈdʒia]
desenho (m) técnico	disegno (m) tecnico	[diˈzeɲo ˈtekniko]

carga (f)	carico (m)	[ˈkariko]
carregador (m)	caricatore (m)	[karikaˈtore]
carregar (vt)	caricare (vt)	[kariˈkare]
carregamento (m)	caricamento (m)	[karikaˈmento]
descarregar (vt)	scaricare (vt)	[skariˈkare]
descarga (f)	scarico (m)	[ˈskariko]

transporte (m)	trasporto (m)	[trasˈporto]
companhia (f) de transporte	società (f) di trasporti	[sotʃeˈta di trasˈporti]
transportar (vt)	trasportare (vt)	[trasporˈtare]

vagão (m) de carga	vagone (m) merci	[vaˈgone ˈmertʃi]
cisterna (f)	cisterna (f)	[tʃiˈsterna]
camião (m)	camion (m)	[ˈkamjon]

| máquina-ferramenta (f) | macchina (f) utensile | [ˈmakkina uˈtensile] |
| mecanismo (m) | meccanismo (m) | [mekkaˈnizmo] |

resíduos (m pl) industriais	rifiuti (m pl) industriali	[riˈfjuti industriˈali]
embalagem (f)	imballaggio (m)	[imbalˈladʒo]
embalar (vt)	imballare (vt)	[imbalˈlare]

73. Contrato. Acordo

contrato (m)	contratto (m)	[konˈtratto]
acordo (m)	accordo (m)	[akˈkordo]
adenda (f), anexo (m)	allegato (m)	[alleˈgato]

assinar o contrato	firmare un contratto	[firˈmare un konˈtratto]
assinatura (f)	firma (f)	[ˈfirma]
assinar (vt)	firmare (vt)	[firˈmare]
carimbo (m)	timbro (m)	[ˈtimbro]

objeto (m) do contrato	oggetto (m) del contratto	[oˈdʒetto del konˈtratto]
cláusula (f)	clausola (f)	[ˈklauzola]
partes (f pl)	parti (f pl)	[ˈparti]
morada (f) jurídica	sede (f) legale	[ˈsede leˈgale]

violar o contrato	sciogliere un contratto	[ˈʃoʎʎere un konˈtratto]
obrigação (f)	obbligo (m)	[ˈobbligo]
responsabilidade (f)	responsabilità (f)	[responsabiliˈta]
força (f) maior	forza (f) maggiore	[ˈfortsa maˈdʒore]

litígio (m), disputa (f)	discussione (f)	[diskus'sjone]
multas (f pl)	sanzioni (f pl)	[san'tsjoni]

74. Importação & Exportação

importação (f)	importazione (f)	[importa'tsjone]
importador (m)	importatore (m)	[importa'tore]
importar (vt)	importare (vt)	[impor'tare]
de importação	d'importazione	[dimporta'tsjone]
exportação (f)	esportazione (f)	[esporta'tsjone]
exportador (m)	esportatore (m)	[esporta'tore]
exportar (vt)	esportare (vt)	[espor'tare]
de exportação	d'esportazione	[desporta'tsjone]
mercadoria (f)	merce (f)	['mertʃe]
lote (de mercadorias)	carico (m)	['kariko]
peso (m)	peso (m)	['pezo]
volume (m)	volume (m)	[vo'lume]
metro (m) cúbico	metro (m) cubo	['metro 'kubo]
produtor (m)	produttore (m)	[produt'tore]
companhia (f) de transporte	società (f) di trasporti	[sotʃe'ta di tras'porti]
contentor (m)	container (m)	[kon'tejner]
fronteira (f)	frontiera (f)	[fron'tjera]
alfândega (f)	dogana (f)	[do'gana]
taxa (f) alfandegária	dazio (m) doganale	['datsio doga'nale]
funcionário (m) da alfândega	doganiere (m)	[doga'njere]
contrabando (atividade)	contrabbando (m)	[kontrab'bando]
contrabando (produtos)	merci (f pl) contrabbandate	['mertʃi kontrabban'date]

75. Finanças

ação (f)	azione (f)	[a'tsjone]
obrigação (f)	obbligazione (f)	[obbliga'tsjone]
nota (f) promissória	cambiale (f)	[kam'bjale]
bolsa (f)	borsa (f)	['borsa]
cotação (m) das ações	quotazione (f)	[kwota'tsjone]
tornar-se mais barato	diminuire di prezzo	[diminu'ire di 'prettso]
tornar-se mais caro	aumentare di prezzo	[aumen'tare di 'prettso]
parte (f)	quota (f)	['kwota]
participação (f) maioritária	pacchetto (m) di maggioranza	[pak'ketto di madʒo'rantsa]
investimento (m)	investimento (m)	[investi'mento]
investir (vt)	investire (vt)	[inve'stire]
percentagem (f)	percento (m)	[per'tʃento]

juros (m pl)	interessi (m pl)	[inte'ressi]
lucro (m)	profitto (m)	[pro'fitto]
lucrativo	redditizio	[redi'titsio]
imposto (m)	imposta (f)	[im'posta]
divisa (f)	valuta (f)	[va'luta]
nacional	nazionale	[natsio'nale]
câmbio (m)	cambio (m)	['kambio]
contabilista (m)	contabile (m)	[kon'tabile]
contabilidade (f)	ufficio (m) contabilità	[uf'fitʃo kontabili'ta]
bancarrota (f)	bancarotta (f)	[banka'rotta]
falência (f)	fallimento (m)	[falli'mento]
ruína (f)	rovina (f)	[ro'vina]
arruinar-se (vr)	andare in rovina	[an'dare in ro'vina]
inflação (f)	inflazione (f)	[infla'tsjone]
desvalorização (f)	svalutazione (f)	[zvaluta'tsjone]
capital (m)	capitale (m)	[kapi'tale]
rendimento (m)	reddito (m)	['reddito]
volume (m) de negócios	giro (m) di affari	['dʒiro di af'fari]
recursos (m pl)	risorse (f pl)	[ri'sorse]
recursos (m pl) financeiros	mezzi (m pl) finanziari	['meddzi finan'tsjari]
despesas (f pl) gerais	spese (f pl) generali	['speze dʒene'rali]
reduzir (vt)	ridurre (vt)	[ri'durre]

76. Marketing

marketing (m)	marketing (m)	['marketing]
mercado (m)	mercato (m)	[mer'kato]
segmento (m) do mercado	segmento (m) di mercato	[seg'mento di mer'kato]
produto (m)	prodotto (m)	[pro'dotto]
mercadoria (f)	merce (f)	['mertʃe]
marca (f)	brand (m)	[brend]
marca (f) comercial	marchio (m) di fabbrica	['markio di 'fabbrika]
logotipo (m)	logotipo (m)	[logo'tipo]
logo (m)	logo (m)	[logo]
demanda (f)	domanda (f)	[do'manda]
oferta (f)	offerta (f)	[of'ferta]
necessidade (f)	bisogno (m)	[bi'zoɲo]
consumidor (m)	consumatore (m)	[konsuma'tore]
análise (f)	analisi (f)	[a'nalizi]
analisar (vt)	analizzare (vt)	[analid'dzare]
posicionamento (m)	posizionamento (m)	[pozitsjona'mento]
posicionar (vt)	posizionare (vt)	[pozitsjo'nare]
preço (m)	prezzo (m)	['prettso]
política (f) de preços	politica (f) dei prezzi	[po'litika 'dei 'prettsi]
formação (f) de preços	determinazione (f) dei prezzi	[determina'tsjone del 'prettsi]

77. Publicidade

publicidade (f)	pubblicità (f)	[pubbli'ta]
publicitar (vt)	pubblicizzare (vt)	[pubblitʃid'dzare]
orçamento (m)	bilancio (m)	[bi'lantʃo]
anúncio (m) publicitário	annuncio (m)	[an'nuntʃo]
publicidade (f) televisiva	pubblicità (f) televisiva	[pubblitʃi'ta televi'ziva]
publicidade (f) na rádio	pubblicità (f) radiofonica	[pubblitʃi'ta radio'fonika]
publicidade (f) exterior	pubblicità (f) esterna	[pubblitʃi'ta es'terna]
comunicação (f) de massa	mass media (m pl)	[mass 'media]
periódico (m)	periodico (m)	[pe'rjodiko]
imagem (f)	immagine (f)	[im'madʒine]
slogan (m)	slogan (m)	[zlogan]
mote (m), divisa (f)	motto (m)	['motto]
campanha (f)	campagna (f)	[kam'paɲa]
companha (f) publicitária	campagna (f) pubblicitaria	[kam'paɲa pubblitʃi'taria]
grupo (m) alvo	gruppo (m) di riferimento	['gruppo de riferi'mento]
cartão (m) de visita	biglietto (m) da visita	[biʎ'ʎetto da 'vizita]
flyer (m)	volantino (m)	[volan'tino]
brochura (f)	opuscolo (m)	[o'puskolo]
folheto (m)	pieghevole (m)	[pje'gevole]
boletim (~ informativo)	bollettino (m)	[bollet'tino]
letreiro (m)	insegna (f)	[in'seɲa]
cartaz, póster (m)	cartellone (m)	[kartel'lone]
painel (m) publicitário	tabellone (m) pubblicitario	[tabel'lone pubblitʃi'tario]

78. Banca

banco (m)	banca (f)	['banka]
sucursal, balcão (f)	filiale (f)	[fi'ljale]
consultor (m)	consulente (m)	[konsu'lente]
gerente (m)	direttore (m)	[diret'tore]
conta (f)	conto (m) bancario	['konto ban'kario]
número (m) da conta	numero (m) del conto	['numero del 'konto]
conta (f) corrente	conto (m) corrente	['konto kor'rente]
conta (f) poupança	conto (m) di risparmio	['konto di ris'parmio]
abrir uma conta	aprire un conto	[a'prire un 'konto]
fechar uma conta	chiudere il conto	['kjudere il 'konto]
depositar na conta	versare sul conto	[ver'sare sul 'konto]
levantar (vt)	prelevare dal conto	[prele'vare dal 'konto]
depósito (m)	deposito (m)	[de'pozito]
fazer um depósito	depositare (vt)	[depozi'tare]
transferência (f) bancária	trasferimento (m) telegrafico	[trasferi'mento tele'grafiko]

transferir (vt)	rimettere i soldi	[ri'mettere i 'soldi]
soma (f)	somma (f)	['somma]
Quanto?	Quanto?	['kwanto]
assinatura (f)	firma (f)	['firma]
assinar (vt)	firmare (vt)	[fir'mare]
cartão (m) de crédito	carta (f) di credito	['karta di 'kredito]
código (m)	codice (m)	['koditʃe]
número	numero (m)	['numero
do cartão de crédito	della carta di credito	'della 'karta di 'kredito]
Caixa Multibanco (m)	bancomat (m)	['bankomat]
cheque (m)	assegno (m)	[as'seɲo]
passar um cheque	emettere un assegno	[e'mettere un as'seɲo]
livro (m) de cheques	libretto (m) di assegni	[li'bretto di as'seɲi]
empréstimo (m)	prestito (m)	['prestito]
pedir um empréstimo	fare domanda	['fare do'manda
	per un prestito	per un 'prestito]
obter um empréstimo	ottenere un prestito	[otte'nere un 'prestito]
conceder um empréstimo	concedere un prestito	[kon'tʃedere un 'prestito]
garantia (f)	garanzia (f)	[garan'tsia]

79. Telefone. Conversação telefónica

telefone (m)	telefono (m)	[te'lefono]
telemóvel (m)	telefonino (m)	[telefo'nino]
secretária (f) electrónica	segreteria (f) telefonica	[segrete'ria tele'fonika]
fazer uma chamada	telefonare (vi, vt)	[telefo'nare]
chamada (f)	chiamata (f)	[kja'mata]
marcar um número	comporre un numero	[kom'porre un 'numero]
Alô!	Pronto!	['pronto]
perguntar (vt)	chiedere, domandare	['kjedere], [doman'dare]
responder (vt)	rispondere (vi, vt)	[ris'pondere]
ouvir (vt)	udire, sentire (vt)	[u'dire], [sen'tire]
bem	bene	['bene]
mal	male	['male]
ruído (m)	disturbi (m pl)	[di'sturbi]
auscultador (m)	cornetta (f)	[kor'netta]
pegar o telefone	alzare la cornetta	[al'tsare la kor'netta]
desligar (vi)	riattaccare la cornetta	[riattak'kare la kor'netta]
ocupado	occupato	[okku'pato]
tocar (vi)	squillare (vi)	[skwil'lare]
lista (f) telefónica	elenco (m) telefonico	[e'lenko tele'foniko]
local	locale	[lo'kale]
chamada (f) local	chiamata (f) locale	[kja'mata lo'kale]
de longa distância	interurbano	[interur'bano]

chamada (f) de longa distância	chiamata (f) interurbana	[kja'mata interur'bana]
internacional	internazionale	[internatsjo'nale]
chamada (f) internacional	chiamata (f) internazionale	[kja'mata internatsjo'nale]

80. Telefone móvel

telemóvel (m)	telefonino (m)	[telefo'nino]
ecrã (m)	schermo (m)	['skermo]
botão (m)	tasto (m)	['tasto]
cartão SIM (m)	scheda SIM (f)	['skeda 'sim]

bateria (f)	pila (f)	['pila]
descarregar-se	essere scarico	['essere 'skariko]
carregador (m)	caricabatteria (m)	[karika·batte'ria]

menu (m)	menù (m)	[me'nu]
definições (f pl)	impostazioni (f pl)	[imposta'tsjoni]
melodia (f)	melodia (f)	[melo'dia]
escolher (vt)	scegliere (vt)	['ʃeʎʎere]

calculadora (f)	calcolatrice (f)	[kalkola'tritʃe]
correio (m) de voz	segreteria (f) telefonica	[segrete'ria tele'fonika]
despertador (m)	sveglia (f)	['zveʎʎa]
contatos (m pl)	contatti (m pl)	[kon'tatti]

| mensagem (f) de texto | messaggio (m) SMS | [mes'sadʒo ese'mese] |
| assinante (m) | abbonato (m) | [abbo'nato] |

81. Estacionário

| caneta (f) | penna (f) a sfera | [penna a 'sfera] |
| caneta (f) tinteiro | penna (f) stilografica | ['penna stilo'grafika] |

lápis (m)	matita (f)	[ma'tita]
marcador (m)	evidenziatore (m)	[evidentsja'tore]
caneta (f) de feltro	pennarello (m)	[penna'rello]

| bloco (m) de notas | taccuino (m) | [tak'kwino] |
| agenda (f) | agenda (f) | [a'dʒenda] |

régua (f)	righello (m)	[ri'gello]
calculadora (f)	calcolatrice (f)	[kalkola'tritʃe]
borracha (f)	gomma (f) per cancellare	['gomma per kantʃel'lare]

| pionés (m) | puntina (f) | [pun'tina] |
| clipe (m) | graffetta (f) | [graf'fetta] |

cola (f)	colla (f)	['kolla]
agrafador (m)	pinzatrice (f)	[pintsa'tritʃe]
furador (m)	perforatrice (f)	[perfora'tritʃe]
afia-lápis (m)	temperamatite (m)	[temperama'tite]

82. Tipos de negócios

serviços (m pl) de contabilidade	servizi (m pl) di contabilità	[ser'vitsi di kontabili'ta]
publicidade (f)	pubblicità (f)	[pubbliʧi'ta]
agência (f) de publicidade	agenzia (f) pubblicitaria	[adʒen'tsia pubbliʧi'taria]
ar (m) condicionado	condizionatori (m pl) d'aria	[konditsjona'tori 'daria]
companhia (f) aérea	compagnia (f) aerea	[kompa'ɲia a'erea]

bebidas (f pl) alcoólicas	bevande (f pl) alcoliche	[be'vande al'kolike]
comércio (m) de antiguidades	antiquariato (m)	[antikwa'rjato]
galeria (f) de arte	galleria (f) d'arte	[galle'ria 'darte]
serviços (m pl) de auditoria	società (f) di revisione contabile	[soʧe'ta di revi'zone kon'tabile]

negócios (m pl) bancários	imprese (f pl) bancarie	[im'preze ban'karie]
bar (m)	bar (m)	[bar]
salão (m) de beleza	salone (m) di bellezza	[sa'lone di bel'lettsa]
livraria (f)	libreria (f)	[libre'ria]
cervejaria (f)	birreria (f)	[birre'ria]
centro (m) de escritórios	business centro (m)	['biznes 'ʧentro]
escola (f) de negócios	scuola (f) di commercio	['skwola di kom'merʧo]

casino (m)	casinò (m)	[kazi'no]
construção (f)	edilizia (f)	[edi'litsia]
serviços (m pl) de consultoria	consulenza (f)	[konsu'lentsa]

estomatologia (f)	odontoiatria (f)	[odontoja'tria]
design (m)	design (m)	[di'zajn]
farmácia (f)	farmacia (f)	[farma'ʧia]
lavandaria (f)	lavanderia (f) a secco	[lavande'ria a 'sekko]
agência (f) de emprego	agenzia (f) di collocamento	[adʒen'tsia di kolloka'mento]

serviços (m pl) financeiros	servizi (m pl) finanziari	[ser'vitsi finan'tsjari]
alimentos (m pl)	industria (f) alimentare	[in'dustria alimen'tare]
agência (f) funerária	agenzia (f) di pompe funebri	[adʒen'tsia di 'pompe 'funebri]
mobiliário (m)	mobili (m pl)	['mobili]
roupa (f)	abbigliamento (m)	[abbiʎʎa'mento]
hotel (m)	albergo, hotel (m)	[al'bergo], [o'tel]

gelado (m)	gelato (m)	[dʒe'lato]
indústria (f)	industria (f)	[in'dustria]
seguro (m)	assicurazione (f)	[assikura'tsjone]
internet (f)	internet (f)	['internet]
investimento (m)	investimenti (m pl)	[investi'menti]

joalheiro (m)	gioielliere (m)	[dʒojel'ljere]
joias (f pl)	gioielli (m pl)	[dʒo'jelli]
lavandaria (f)	lavanderia (f)	[lavande'ria]
serviços (m pl) jurídicos	consulente (m) legale	[konsu'lente le'gale]
indústria (f) ligeira	industria (f) leggera	[in'dustria le'dʒera]

revista (f)	rivista (f)	[ri'vista]
vendas (f pl) por catálogo	vendite (f pl) per corrispondenza	['vendite per korrispon'dentsa]

medicina (f)	medicina (f)	[medi'tʃina]
cinema (m)	cinema (m)	['tʃinema]
museu (m)	museo (m)	[mu'zeo]

agência (f) de notícias	agenzia (f) di stampa	[adʒen'tsia di 'stampa]
jornal (m)	giornale (m)	[dʒor'nale]
clube (m) noturno	locale notturno (m)	[lo'kale not'turno]

petróleo (m)	petrolio (m)	[pe'trolio]
serviço (m) de encomendas	corriere (m) espresso	[kor'rjere e'spresso]
indústria (f) farmacêutica	farmaci (m pl)	['farmatʃi]
poligrafia (f)	stampa (f)	['stampa]
editora (f)	casa (f) editrice	['kaza edi'tritʃe]

rádio (m)	radio (f)	['radio]
imobiliário (m)	beni (m pl) immobili	['beni im'mobili]
restaurante (m)	ristorante (m)	[risto'rante]

empresa (f) de segurança	agenzia (f) di sicurezza	[adʒen'tsia di siku'rettsa]
desporto (m)	sport (m)	[sport]
bolsa (f)	borsa (f)	['borsa]
loja (f)	negozio (m)	[ne'gotsio]
supermercado (m)	supermercato (m)	[supermer'kato]
piscina (f)	piscina (f)	[pi'ʃina]

alfaiataria (f)	sartoria (f)	[sarto'ria]
televisão (f)	televisione (f)	[televi'zjone]
teatro (m)	teatro (m)	[te'atro]
comércio (atividade)	commercio (m)	[kom'mertʃo]
serviços (m pl) de transporte	mezzi (m pl) di trasporto	['meddzi di tras'porto]
viagens (f pl)	viaggio (m)	['vjadʒo]

veterinário (m)	veterinario (m)	[veteri'nario]
armazém (m)	deposito, magazzino (m)	[de'pozito], [magad'dzino]
recolha (f) do lixo	trattamento (m) dei rifiuti	[tratta'mento dei ri'fjuti]

Emprego. Negócios. Parte 2

83. Espetáculo. Feira

feira (f)	fiera (f)	['fjera]
feira (f) comercial	fiera (f) campionaria	['fjera kampjo'naria]
participação (f)	partecipazione (f)	[partetʃipa'tsjone]
participar (vi)	partecipare (vi)	[partetʃi'pare]
participante (m)	partecipante (m)	[partetʃi'pante]
diretor (m)	direttore (m)	[diret'tore]
direção (f)	ufficio (m) organizzativo	[uf'fitʃo organidʣa'tivo]
organizador (m)	organizzatore (m)	[organidʣa'tore]
organizar (vt)	organizzare (vt)	[organid'ʣare]
ficha (f) de inscrição	domanda (f) di partecipazione	[do'manda di partetʃipa'tsjone]
preencher (vt)	riempire (vt)	[riem'pire]
detalhes (m pl)	dettagli (m pl)	[det'taʎʎi]
informação (f)	informazione (f)	[informa'tsjone]
preço (m)	prezzo (m)	['prettso]
incluindo	incluso	[in'kluzo]
incluir (vt)	includere (vt)	[in'kludere]
pagar (vt)	pagare (vi, vt)	[pa'gare]
taxa (f) de inscrição	quota (f) d'iscrizione	['kwota diskri'tsjone]
entrada (f)	entrata (f)	[en'trata]
pavilhão (m)	padiglione (m)	[padiʎ'ʎone]
inscrever (vt)	registrare (vt)	[redʒi'strare]
crachá (m)	tesserino (m)	[tesse'rino]
stand (m)	stand (m)	[stend]
reservar (vt)	prenotare, riservare	[preno'tare], [rizer'vare]
vitrina (f)	vetrina (f)	[ve'trina]
foco, spot (m)	faretto (m)	[fa'retto]
design (m)	design (m)	[di'zajn]
pôr, colocar (vt)	collocare (vt)	[kollo'kare]
ser colocado, -a	collocarsi (vr)	[kollo'karsi]
distribuidor (m)	distributore (m)	[distribu'tore]
fornecedor (m)	fornitore (m)	[forni'tore]
fornecer (vt)	fornire (vt)	[for'nire]
país (m)	paese (m)	[pa'eze]
estrangeiro	straniero	[stra'njero]
produto (m)	prodotto (m)	[pro'dotto]
associação (f)	associazione (f)	[assotʃa'tsjone]

sala (f) de conferências	sala (f) conferenze	['sala konfe'rentse]
congresso (m)	congresso (m)	[kon'gresso]
concurso (m)	concorso (m)	[kon'korso]
visitante (m)	visitatore (m)	[vizita'tore]
visitar (vt)	visitare (vt)	[vizi'tare]
cliente (m)	cliente (m)	[kli'ente]

84. Ciência. Investigação. Cientistas

ciência (f)	scienza (f)	[ʃi'entsa]
científico	scientifico	[ʃien'tifiko]
cientista (m)	scienziato (m)	[ʃien'tsjato]
teoria (f)	teoria (f)	[teo'ria]
axioma (m)	assioma (m)	[as'sjoma]
análise (f)	analisi (f)	[a'nalizi]
analisar (vt)	analizzare (vt)	[analid'dzare]
argumento (m)	argomento (m)	[argo'mento]
substância (f)	sostanza (f)	[so'stantsa]
hipótese (f)	ipotesi (f)	[i'potezi]
dilema (m)	dilemma (m)	[di'lemma]
tese (f)	tesi (f)	['tezi]
dogma (m)	dogma (m)	['dogma]
doutrina (f)	dottrina (f)	[dot'trina]
pesquisa (f)	ricerca (f)	[ri'tʃerka]
pesquisar (vt)	fare ricerche	['fare ri'tʃerke]
teste (m)	prova (f)	['prova]
laboratório (m)	laboratorio (m)	[labora'torio]
método (m)	metodo (m)	['metodo]
molécula (f)	molecola (f)	[mo'lekola]
monitoramento (m)	monitoraggio (m)	[monito'radʒo]
descoberta (f)	scoperta (f)	[sko'perta]
postulado (m)	postulato (m)	[postu'lato]
princípio (m)	principio (m)	[prin'tʃipjo]
prognóstico (previsão)	previsione (f)	[previ'zjone]
prognosticar (vt)	fare previsioni	[fare previ'zjoni]
síntese (f)	sintesi (f)	['sintezi]
tendência (f)	tendenza (f)	[ten'dentsa]
teorema (m)	teorema (m)	[teo'rema]
ensinamentos (m pl)	insegnamento (m)	[inse'ɲamento]
facto (m)	fatto (m)	['fatto]
expedição (f)	spedizione (f)	[spedi'tsjone]
experiência (f)	esperimento (m)	[esperi'mento]
académico (m)	accademico (m)	[akka'demiko]
bacharel (m)	laureato (m)	[laure'ato]
doutor (m)	dottore (m)	[dot'tore]

docente (m)　　　　　　　**professore** (m) **associato**　　[profes'sore assotʃi'ato]
mestre (m)　　　　　　　**Master** (m)　　　　　　　　　　['master]
professor (m) catedrático　　**professore** (m)　　　　　　　　[profes'sore]

Profissões e ocupações

85. Procura de emprego. Demissão

trabalho (m)	lavoro (m)	[la'voro]
equipa (f)	organico (m)	[or'ganiko]
pessoal (m)	personale (m)	[perso'nale]
carreira (f)	carriera (f)	[kar'rjera]
perspetivas (f pl)	prospettiva (f)	[prospet'tiva]
mestria (f)	abilità (f pl)	[abili'ta]
seleção (f)	selezione (f)	[sele'tsjone]
agência (f) de emprego	agenzia (f) di collocamento	[adʒen'tsia di kolloka'mento]
CV, currículo (m)	curriculum vitae (f)	[kur'rikulum 'vite]
entrevista (f) de emprego	colloquio (m)	[kol'lokwio]
vaga (f)	posto (m) vacante	['posto va'kante]
salário (m)	salario (m)	[sa'lario]
salário (m) fixo	stipendio (m) fisso	[sti'pendio 'fisso]
pagamento (m)	compenso (m)	[kom'penso]
posto (m)	carica (f)	['karika]
dever (do empregado)	mansione (f)	[man'sjone]
gama (f) de deveres	mansioni (f pl) di lavoro	[man'sjoni di la'voro]
ocupado	occupato	[okku'pato]
despedir, demitir (vt)	licenziare (vt)	[litʃen'tsjare]
demissão (f)	licenziamento (m)	[litʃentsja'mento]
desemprego (m)	disoccupazione (f)	[disokkupa'tsjone]
desempregado (m)	disoccupato (m)	[disokku'pato]
reforma (f)	pensionamento (m)	[pensjona'mento]
reformar-se	andare in pensione	[an'dare in pen'sjone]

86. Gente de negócios

diretor (m)	direttore (m)	[diret'tore]
gerente (m)	dirigente (m)	[diri'dʒente]
patrão, chefe (m)	capo (m)	['kapo]
superior (m)	capo (m), superiore (m)	['kapo], [supe'rjore]
superiores (m pl)	capi (m pl)	['kapi]
presidente (m)	presidente (m)	[prezi'dente]
presidente (m) de direção	presidente (m)	[prezi'dente]
substituto (m)	vice (m)	['vitʃe]
assistente (m)	assistente (m)	[assi'stente]

secretário (m)	segretario (m)	[segre'tario]
secretário (m) pessoal	assistente (m) personale	[assi'stente perso'nale]
homem (m) de negócios	uomo (m) d'affari	[u'omo daf'fari]
empresário (m)	imprenditore (m)	[imprendi'tore]
fundador (m)	fondatore (m)	[fonda'tore]
fundar (vt)	fondare (vt)	[fon'dare]
fundador, sócio (m)	socio (m)	['sotʃo]
parceiro, sócio (m)	partner (m)	['partner]
acionista (m)	azionista (m)	[atsio'nista]
milionário (m)	milionario (m)	[miljo'nario]
bilionário (m)	miliardario (m)	[miljar'dario]
proprietário (m)	proprietario (m)	[proprie'tario]
proprietário (m) de terras	latifondista (m)	[latifon'dista]
cliente (m)	cliente (m)	[kli'ente]
cliente (m) habitual	cliente (m) abituale	[kli'ente abitu'ale]
comprador (m)	compratore (m)	[kompra'tore]
visitante (m)	visitatore (m)	[vizita'tore]
profissional (m)	professionista (m)	[professjo'nista]
perito (m)	esperto (m)	[e'sperto]
especialista (m)	specialista (m)	[spetʃa'lista]
banqueiro (m)	banchiere (m)	[baŋ'kjere]
corretor (m)	broker (m)	['broker]
caixa (m, f)	cassiere (m)	[kas'sjere]
contabilista (m)	contabile (m)	[kon'tabile]
guarda (m)	guardia (f) giurata	['gwardia dʒu'rata]
investidor (m)	investitore (m)	[investi'tore]
devedor (m)	debitore (m)	[debi'tore]
credor (m)	creditore (m)	[kredi'tore]
mutuário (m)	mutuatario (m)	[mutua'tario]
importador (m)	importatore (m)	[importa'tore]
exportador (m)	esportatore (m)	[esporta'tore]
produtor (m)	produttore (m)	[produt'tore]
distribuidor (m)	distributore (m)	[distribu'tore]
intermediário (m)	intermediario (m)	[interme'djario]
consultor (m)	consulente (m)	[konsu'lente]
representante (m)	rappresentante (m)	[rapprezen'tante]
agente (m)	agente (m)	[a'dʒente]
agente (m) de seguros	assicuratore (m)	[assikura'tore]

87. Profissões de serviços

cozinheiro (m)	cuoco (m)	[ku'oko]
cozinheiro chefe (m)	capocuoco (m)	[kapo·ku'oko]

padeiro (m)	fornaio (m)	[for'najo]
barman (m)	barista (m)	[ba'rista]
empregado (m) de mesa	cameriere (m)	[kame'rjere]
empregada (f) de mesa	cameriera (f)	[kame'rjera]
advogado (m)	avvocato (m)	[avvo'kato]
jurista (m)	esperto (m) legale	[e'sperto le'gale]
notário (m)	notaio (m)	[no'tajo]
eletricista (m)	elettricista (m)	[elettri'tʃista]
canalizador (m)	idraulico (m)	[i'drauliko]
carpinteiro (m)	falegname (m)	[fale'ɲame]
massagista (m)	massaggiatore (m)	[massadʒa'tore]
massagista (f)	massaggiatrice (f)	[massadʒa'tritʃe]
médico (m)	medico (m)	['mediko]
taxista (m)	taxista (m)	[ta'ksista]
condutor (automobilista)	autista (m)	[au'tista]
entregador (m)	fattorino (m)	[fatto'rino]
camareira (f)	cameriera (f)	[kame'rjera]
guarda (m)	guardia (f) giurata	['gwardia dʒu'rata]
hospedeira (f) de bordo	hostess (f)	['ostess]
professor (m)	insegnante (m, f)	[inse'ɲante]
bibliotecário (m)	bibliotecario (m)	[bibliote'kario]
tradutor (m)	traduttore (m)	[tradut'tore]
intérprete (m)	interprete (m)	[in'terprete]
guia (pessoa)	guida (f)	['gwida]
cabeleireiro (m)	parrucchiere (m)	[parruk'kjere]
carteiro (m)	postino (m)	[po'stino]
vendedor (m)	commesso (m)	[kom'messo]
jardineiro (m)	giardiniere (m)	[dʒardi'njere]
criado (m)	domestico (m)	[do'mestiko]
criada (f)	domestica (f)	[do'mestika]
empregada (f) de limpeza	donna (f) delle pulizie	['donna 'delle puli'tsie]

88. Profissões militares e postos

soldado (m) raso	soldato (m) semplice	[sol'dato 'semplitʃe]
sargento (m)	sergente (m)	[ser'dʒente]
tenente (m)	tenente (m)	[te'nente]
capitão (m)	capitano (m)	[kapi'tano]
major (m)	maggiore (m)	[ma'dʒore]
coronel (m)	colonnello (m)	[kolon'nello]
general (m)	generale (m)	[dʒene'rale]
marechal (m)	maresciallo (m)	[mare'ʃallo]
almirante (m)	ammiraglio (m)	[ammi'raʎʎo]
militar (m)	militare (m)	[mili'tare]
soldado (m)	soldato (m)	[sol'dato]

oficial (m)	ufficiale (m)	[uffi'tʃale]
comandante (m)	comandante (m)	[koman'dante]
guarda (m) fronteiriço	guardia (f) di frontiera	['gwardia di fron'tjera]
operador (m) de rádio	marconista (m)	[marko'nista]
explorador (m)	esploratore (m)	[esplora'tore]
sapador (m)	geniere (m)	[dʒe'njere]
atirador (m)	tiratore (m)	[tira'tore]
navegador (m)	navigatore (m)	[naviga'tore]

89. Oficiais. Padres

rei (m)	re (m)	[re]
rainha (f)	regina (f)	[re'dʒina]
príncipe (m)	principe (m)	['printʃipe]
princesa (f)	principessa (f)	[printʃi'pessa]
czar (m)	zar (m)	[tsar]
czarina (f)	zarina (f)	[tsa'rina]
presidente (m)	presidente (m)	[prezi'dente]
ministro (m)	ministro (m)	[mi'nistro]
primeiro-ministro (m)	primo ministro (m)	['primo mi'nistro]
senador (m)	senatore (m)	[sena'tore]
diplomata (m)	diplomatico (m)	[diplo'matiko]
cônsul (m)	console (m)	['konsole]
embaixador (m)	ambasciatore (m)	[ambaʃa'tore]
conselheiro (m)	consigliere (m)	[konsiʎ'ʎere]
funcionário (m)	funzionario (m)	[funtsio'nario]
prefeito (m)	prefetto (m)	[pre'fetto]
Presidente (m) da Câmara	sindaco (m)	['sindako]
juiz (m)	giudice (m)	['dʒuditʃe]
procurador (m)	procuratore (m)	[prokura'tore]
missionário (m)	missionario (m)	[missio'nario]
monge (m)	monaco (m)	['monako]
abade (m)	abate (m)	[a'bate]
rabino (m)	rabbino (m)	[rab'bino]
vizir (m)	visir (m)	[vi'zir]
xá (m)	scià (m)	['ʃa]
xeque (m)	sceicco (m)	[ʃe'ikko]

90. Profissões agrícolas

apicultor (m)	apicoltore (m)	[apikol'tore]
pastor (m)	pastore (m)	[pa'store]
agrónomo (m)	agronomo (m)	[a'gronomo]

| criador (m) de gado | allevatore (m) di bestiame | [alleva'tore di bes'tjame] |
| veterinário (m) | veterinario (m) | [veteri'nario] |

agricultor (m)	fattore (m)	[fat'tore]
vinicultor (m)	vinificatore (m)	[vinifika'tore]
zoólogo (m)	zoologo (m)	[dzo'ologo]
cowboy (m)	cowboy (m)	[kaw'boj]

91. Profissões artísticas

| ator (m) | attore (m) | [at'tore] |
| atriz (f) | attrice (f) | [at'tritʃe] |

| cantor (m) | cantante (m) | [kan'tante] |
| cantora (f) | cantante (f) | [kan'tante] |

| bailarino (m) | danzatore (m) | [dantsa'tore] |
| bailarina (f) | ballerina (f) | [balle'rina] |

| artista (m) | artista (m) | [ar'tista] |
| artista (f) | artista (f) | [ar'tista] |

músico (m)	musicista (m)	[muzi'tʃista]
pianista (m)	pianista (m)	[pia'nista]
guitarrista (m)	chitarrista (m)	[kitar'rista]

maestro (m)	direttore (m) d'orchestra	[diret'tore dor'kestra]
compositor (m)	compositore (m)	[kompozi'tore]
empresário (m)	impresario (m)	[impre'zario]

realizador (m)	regista (m)	[re'dʒista]
produtor (m)	produttore (m)	[produt'tore]
argumentista (m)	sceneggiatore (m)	[ʃenedʒa'tore]
crítico (m)	critico (m)	['kritiko]

escritor (m)	scrittore (m)	[skrit'tore]
poeta (m)	poeta (m)	[po'eta]
escultor (m)	scultore (m)	[skul'tore]
pintor (m)	pittore (m)	[pit'tore]

malabarista (m)	giocoliere (m)	[dʒoko'ljere]
palhaço (m)	pagliaccio (m)	[paʎ'ʎatʃo]
acrobata (m)	acrobata (m)	[a'krobata]
mágico (m)	prestigiatore (m)	[prestidʒa'tore]

92. Várias profissões

médico (m)	medico (m)	['mediko]
enfermeira (f)	infermiera (f)	[infer'mjera]
psiquiatra (m)	psichiatra (m)	[psiki'atra]
estomatologista (m)	dentista (m)	[den'tista]
cirurgião (m)	chirurgo (m)	[ki'rurgo]

astronauta (m)	astronauta (m)	[astro'nauta]
astrónomo (m)	astronomo (m)	[a'stronomo]
motorista (m)	autista (m)	[au'tista]
maquinista (m)	macchinista (m)	[makki'nista]
mecânico (m)	meccanico (m)	[mek'kaniko]
mineiro (m)	minatore (m)	[mina'tore]
operário (m)	operaio (m)	[ope'rajo]
serralheiro (m)	operaio (m) metallurgico	[ope'rajo metal'lurdʒiko]
marceneiro (m)	falegname (m)	[fale'ɲame]
torneiro (m)	tornitore (m)	[torni'tore]
construtor (m)	operaio (m) edile	[ope'rajo e'dile]
soldador (m)	saldatore (m)	[salda'tore]
professor (m) catedrático	professore (m)	[profes'sore]
arquiteto (m)	architetto (m)	[arki'tetto]
historiador (m)	storico (m)	['storiko]
cientista (m)	scienziato (m)	[ʃien'tsjato]
físico (m)	fisico (m)	['fiziko]
químico (m)	chimico (m)	['kimiko]
arqueólogo (m)	archeologo (m)	[arke'ologo]
geólogo (m)	geologo (m)	[dʒe'ologo]
pesquisador (cientista)	ricercatore (m)	[ritʃerka'tore]
babysitter (f)	baby-sitter (f)	[bebi'siter]
professor (m)	insegnante (m, f)	[inse'ɲante]
redator (m)	redattore (m)	[redat'tore]
redator-chefe (m)	redattore capo (m)	[redat'tore 'kapo]
correspondente (m)	corrispondente (m)	[korrispon'dente]
datilógrafa (f)	dattilografa (f)	[datti'lografa]
designer (m)	designer (m)	[di'zajner]
especialista (m) em informática	esperto (m) informatico	[e'sperto infor'matiko]
programador (m)	programmatore (m)	[programma'tore]
engenheiro (m)	ingegnere (m)	[indʒe'ɲere]
marujo (m)	marittimo (m)	[ma'rittimo]
marinheiro (m)	marinaio (m)	[mari'najo]
salvador (m)	soccorritore (m)	[sokkorri'tore]
bombeiro (m)	pompiere (m)	[pom'pjere]
polícia (m)	poliziotto (m)	[poli'tsjotto]
guarda-noturno (m)	guardiano (m)	[gwar'djano]
detetive (m)	detective (m)	[de'tektiv]
funcionário (m) da alfândega	doganiere (m)	[doga'njere]
guarda-costas (m)	guardia (f) del corpo	['gwardia del 'korpo]
guarda (m) prisional	guardia (f) carceraria	['gwardia kartʃe'raria]
inspetor (m)	ispettore (m)	[ispet'tore]
desportista (m)	sportivo (m)	[spor'tivo]
treinador (m)	allenatore (m)	[allena'tore]

talhante (m)	macellaio (m)	[matʃel'lajo]
sapateiro (m)	calzolaio (m)	[kaltso'lajo]
comerciante (m)	uomo (m) d'affari	[u'omo daf'fari]
carregador (m)	caricatore (m)	[karika'tore]
estilista (m)	stilista (m)	[sti'lista]
modelo (f)	modella (f)	[mo'della]

93. Ocupações. Estatuto social

aluno, escolar (m)	scolaro (m)	[sko'laro]
estudante (~ universitária)	studente (m)	[stu'dente]
filósofo (m)	filosofo (m)	[fi'lozofo]
economista (m)	economista (m)	[ekono'mista]
inventor (m)	inventore (m)	[inven'tore]
desempregado (m)	disoccupato (m)	[disokku'pato]
reformado (m)	pensionato (m)	[pensjo'nato]
espião (m)	spia (f)	['spia]
preso (m)	detenuto (m)	[dete'nuto]
grevista (m)	scioperante (m)	[ʃope'rante]
burocrata (m)	burocrate (m)	[bu'rokrate]
viajante (m)	viaggiatore (m)	[vjadʒa'tore]
homossexual (m)	omosessuale (m)	[omosessu'ale]
hacker (m)	hacker (m)	['aker]
hippie	hippy	['ippi]
bandido (m)	bandito (m)	[ban'dito]
assassino (m) a soldo	sicario (m)	[si'kario]
toxicodependente (m)	drogato (m)	[dro'gato]
traficante (m)	trafficante (m) di droga	[traffi'kante di 'droga]
prostituta (f)	prostituta (f)	[prosti'tuta]
chulo (m)	magnaccia (m)	[ma'ɲatʃa]
bruxo (m)	stregone (m)	[stre'gone]
bruxa (f)	strega (f)	['strega]
pirata (m)	pirata (m)	[pi'rata]
escravo (m)	schiavo (m)	['skjavo]
samurai (m)	samurai (m)	[samu'raj]
selvagem (m)	selvaggio (m)	[sel'vadʒo]

Educação

94. Escola

escola (f)	scuola (f)	['skwola]
diretor (m) de escola	direttore (m) di scuola	[diret'tore di 'skwola]
aluno (m)	allievo (m)	[al'ljevo]
aluna (f)	allieva (f)	[al'ljeva]
escolar (m)	scolaro (m)	[sko'laro]
escolar (f)	scolara (f)	[sko'lara]
ensinar (vt)	insegnare	[inse'ɲare]
aprender (vt)	imparare (vt)	[impa'rare]
aprender de cor	imparare a memoria	[impa'rare a me'moria]
estudar (vi)	studiare (vi)	[stu'djare]
andar na escola	frequentare la scuola	[frekwen'tare la 'skwola]
ir à escola	andare a scuola	[an'dare a 'skwola]
alfabeto (m)	alfabeto (m)	[alfa'beto]
disciplina (f)	materia (f)	[ma'teria]
sala (f) de aula	classe (f)	['klasse]
lição (f)	lezione (f)	[le'tsjone]
recreio (m)	ricreazione (f)	[rikrea'tsjone]
toque (m)	campanella (f)	[kampa'nella]
carteira (f)	banco (m)	['banko]
quadro (m) negro	lavagna (f)	[la'vaɲa]
nota (f)	voto (m)	['voto]
boa nota (f)	voto (m) alto	['voto 'alto]
nota (f) baixa	voto (m) basso	['voto 'basso]
dar uma nota	dare un voto	['dare un 'voto]
erro (m)	errore (m)	[er'rore]
fazer erros	fare errori	['fare er'rori]
corrigir (vt)	correggere (vt)	[kor'redʒere]
cábula (f)	bigliettino (m)	[biʎʎet'tino]
dever (m) de casa	compiti (m pl)	['kompiti]
exercício (m)	esercizio (m)	[ezer'ʧitsio]
estar presente	essere presente	['essere pre'zente]
estar ausente	essere assente	['essere as'sente]
faltar às aulas	mancare le lezioni	[man'kare le le'tsjoni]
punir (vt)	punire (vt)	[pu'nire]
punição (f)	punizione (f)	[puni'tsjone]
comportamento (m)	comportamento (m)	[komporta'mento]

boletim (m) escolar	pagella (f)	[pa'dʒella]
lápis (m)	matita (f)	[ma'tita]
borracha (f)	gomma (f) per cancellare	['gomma per kantʃel'lare]
giz (m)	gesso (m)	['dʒesso]
estojo (m)	astuccio (m) portamatite	[as'tutʃo portama'tite]
pasta (f) escolar	cartella (f)	[kar'tella]
caneta (f)	penna (f)	['penna]
caderno (m)	quaderno (m)	[kwa'derno]
manual (m) escolar	manuale (m)	[manu'ale]
compasso (m)	compasso (m)	[kom'passo]
traçar (vt)	disegnare (vt)	[dize'ɲare]
desenho (m) técnico	disegno (m) tecnico	[di'zeɲo 'tekniko]
poesia (f)	poesia (f)	[poe'zia]
de cor	a memoria	[a me'moria]
aprender de cor	imparare a memoria	[impa'rare a me'moria]
férias (f pl)	vacanze (f pl) scolastiche	[va'kantse sko'lastike]
estar de férias	essere in vacanza	['essere in va'kantsa]
passar as férias	passare le vacanze	[pas'sare le va'kantse]
teste (m)	prova (f) scritta	['prova 'skritta]
composição, redação (f)	composizione (f)	[kompozi'tsjone]
ditado (m)	dettato (m)	[det'tato]
exame (m)	esame (m)	[e'zame]
fazer exame	sostenere un esame	[soste'neme un e'zame]
experiência (~ química)	esperimento (m)	[esperi'mento]

95. Colégio. Universidade

academia (f)	accademia (f)	[akka'demia]
universidade (f)	università (f)	[universi'ta]
faculdade (f)	facoltà (f)	[fakol'ta]
estudante (m)	studente (m)	[stu'dente]
estudante (f)	studentessa (f)	[studen'tessa]
professor (m)	docente (m, f)	[do'tʃente]
sala (f) de palestras	aula (f)	['aula]
graduado (m)	diplomato (m)	[diplo'mato]
diploma (m)	diploma (m)	[di'ploma]
tese (f)	tesi (f)	['tezi]
estudo (obra)	ricerca (f)	[ri'tʃerka]
laboratório (m)	laboratorio (m)	[labora'torio]
palestra (f)	lezione (f)	[le'tsjone]
colega (m) de curso	compagno (m) di corso	[kom'paɲo di 'korso]
bolsa (f) de estudos	borsa (f) di studio	['borsa di 'studio]
grau (m) académico	titolo (m) accademico	['titolo akka'demiko]

96. Ciências. Disciplinas

matemática (f)	matematica (f)	[mate'matika]
álgebra (f)	algebra (f)	['aldʒebra]
geometria (f)	geometria (f)	[dʒeome'tria]
astronomia (f)	astronomia (f)	[astrono'mia]
biologia (f)	biologia (f)	[biolo'dʒia]
geografia (f)	geografia (f)	[dʒeogra'fia]
geologia (f)	geologia (f)	[dʒeolo'dʒia]
história (f)	storia (f)	['storia]
medicina (f)	medicina (f)	[medi'tʃina]
pedagogia (f)	pedagogia (f)	[pedago'dʒia]
direito (m)	diritto (m)	[di'ritto]
física (f)	fisica (f)	['fizika]
química (f)	chimica (f)	['kimika]
filosofia (f)	filosofia (f)	[filozo'fia]
psicologia (f)	psicologia (f)	[psikolo'dʒia]

97. Sistema de escrita. Ortografia

gramática (f)	**grammatica** (f)	[gram'matika]
vocabulário (m)	**lessico** (m)	['lessiko]
fonética (f)	**fonetica** (f)	[fo'netika]
substantivo (m)	**sostantivo** (m)	[sostan'tivo]
adjetivo (m)	**aggettivo** (m)	[adʒet'tivo]
verbo (m)	**verbo** (m)	['verbo]
advérbio (m)	**avverbio** (m)	[av'verbio]
pronome (m)	**pronome** (m)	[pro'nome]
interjeição (f)	**interiezione** (f)	[interje'tsjone]
preposição (f)	**preposizione** (f)	[prepozi'tsjone]
raiz (f) da palavra	**radice** (f)	[ra'ditʃe]
terminação (f)	**desinenza** (f)	[dezi'nentsa]
prefixo (m)	**prefisso** (m)	[pre'fisso]
sílaba (f)	**sillaba** (f)	['sillaba]
sufixo (m)	**suffisso** (m)	[suf'fisso]
acento (m)	**accento** (m)	[a'tʃento]
apóstrofo (m)	**apostrofo** (m)	[a'postrofo]
ponto (m)	**punto** (m)	['punto]
vírgula (f)	**virgola** (f)	['virgola]
ponto e vírgula (m)	**punto** (m) **e virgola**	['punto e 'virgola]
dois pontos (m pl)	**due punti**	['due 'punti]
reticências (f pl)	**puntini** (m pl) **di sospensione**	[pun'tini di sospen'sjone]
ponto (m) de interrogação	**punto** (m) **interrogativo**	['punto interroga'tivo]
ponto (m) de exclamação	**punto** (m) **esclamativo**	['punto esklama'tivo]

aspas (f pl)	virgolette (f pl)	[virgo'lette]
entre aspas	tra virgolette	[tra virgo'lette]
parênteses (m pl)	parentesi (f pl)	[pa'rentezi]
entre parênteses	tra parentesi	[tra pa'rentezi]
hífen (m)	trattino (m)	[trat'tino]
travessão (m)	lineetta (f)	[line'etta]
espaço (m)	spazio (m)	['spatsio]
letra (f)	lettera (f)	['lettera]
letra (f) maiúscula	lettera (f) maiuscola	['lettera ma'juskola]
vogal (f)	vocale (f)	[vo'kale]
consoante (f)	consonante (f)	[konso'nante]
frase (f)	proposizione (f)	[propozi'tsjone]
sujeito (m)	soggetto (m)	[so'dʒetto]
predicado (m)	predicato (m)	[predi'kato]
linha (f)	riga (f)	['riga]
em uma nova linha	a capo	[a 'kapo]
parágrafo (m)	capoverso (m)	[kapo'verso]
palavra (f)	parola (f)	[pa'rola]
grupo (m) de palavras	gruppo (m) di parole	['gruppo di pa'role]
expressão (f)	espressione (f)	[espres'sjone]
sinónimo (m)	sinonimo (m)	[si'nonimo]
antónimo (m)	antonimo (m)	[an'tonimo]
regra (f)	regola (f)	['regola]
exceção (f)	eccezione (f)	[etʃe'tsjone]
correto	corretto	[kor'retto]
conjugação (f)	coniugazione (f)	[konjuga'tsjone]
declinação (f)	declinazione (f)	[deklina'tsjone]
caso (m)	caso (m) nominativo	['kazo nomina'tivo]
pergunta (f)	domanda (f)	[do'manda]
sublinhar (vt)	sottolineare (vt)	[sottoline'are]
linha (f) pontilhada	linea (f) tratteggiata	['linea tratte'dʒata]

98. Línguas estrangeiras

língua (f)	lingua (f)	['lingua]
estrangeiro	straniero	[stra'njero]
língua (f) estrangeira	lingua (f) straniera	['lingua stra'njera]
estudar (vt)	studiare (vt)	[stu'djare]
aprender (vt)	imparare (vt)	[impa'rare]
ler (vt)	leggere (vi, vt)	['ledʒere]
falar (vi)	parlare (vi, vt)	[par'lare]
compreender (vt)	capire (vt)	[ka'pire]
escrever (vi, vt)	scrivere (vi, vt)	['skrivere]
rapidamente	rapidamente	[rapida'mente]
devagar	lentamente	[lenta'mente]

fluentemente	correntemente	[korrente'mente]
regras (f pl)	regole (f pl)	['regole]
gramática (f)	grammatica (f)	[gram'matika]
vocabulário (m)	lessico (m)	['lessiko]
fonética (f)	fonetica (f)	[fo'netika]
manual (m) escolar	manuale (m)	[manu'ale]
dicionário (m)	dizionario (m)	[ditsjo'nario]
manual (m) de autoaprendizagem	manuale (m) autodidattico	[manu'ale autodi'dattiko]
guia (m) de conversação	frasario (m)	[fra'zario]
cassete (f)	cassetta (f)	[kas'setta]
vídeo cassete (m)	videocassetta (f)	[video·kas'setta]
CD (m)	CD (m)	[tʃi'di]
DVD (m)	DVD (m)	[divu'di]
alfabeto (m)	alfabeto (m)	[alfa'beto]
soletrar (vt)	compitare (vt)	[kompi'tare]
pronúncia (f)	pronuncia (f)	[pro'nuntʃa]
sotaque (m)	accento (m)	[a'tʃento]
com sotaque	con un accento	[kon un a'tʃento]
sem sotaque	senza accento	['sentsa a'tʃento]
palavra (f)	vocabolo (m)	[vo'kabolo]
sentido (m)	significato (m)	[siɲifi'kato]
cursos (m pl)	corso (m)	['korso]
inscrever-se (vr)	iscriversi (vr)	[is'kriversi]
professor (m)	insegnante (m, f)	[inse'ɲante]
tradução (processo)	traduzione (f)	[tradu'tsjone]
tradução (texto)	traduzione (f)	[tradu'tsjone]
tradutor (m)	traduttore (m)	[tradut'tore]
intérprete (m)	interprete (m)	[in'terprete]
poliglota (m)	poliglotta (m)	[poli'glotta]
memória (f)	memoria (f)	[me'moria]

Descanso. Entretenimento. Viagens

99. Viagens

turismo (m)	turismo (m)	[tu'rizmo]
turista (m)	turista (m)	[tu'rista]
viagem (f)	viaggio (m)	['vjadʒo]
aventura (f)	avventura (f)	[avven'tura]
viagem (f)	viaggio (m)	['vjadʒo]
férias (f pl)	vacanza (f)	[va'kantsa]
estar de férias	essere in vacanza	['essere in va'kantsa]
descanso (m)	riposo (m)	[ri'pozo]
comboio (m)	treno (m)	['treno]
de comboio (chegar ~)	in treno	[in 'treno]
avião (m)	aereo (m)	[a'ereo]
de avião	in aereo	[in a'ereo]
de carro	in macchina	[in 'makkina]
de navio	in nave	[in 'nave]
bagagem (f)	bagaglio (m)	[ba'gaʎʎo]
mala (f)	valigia (f)	[va'lidʒa]
carrinho (m)	carrello (m)	[kar'rello]
passaporte (m)	passaporto (m)	[passa'porto]
visto (m)	visto (m)	['visto]
bilhete (m)	biglietto (m)	[biʎ'ʎetto]
bilhete (m) de avião	biglietto (m) aereo	[biʎ'ʎetto a'ereo]
guia (m) de viagem	guida (f)	['gwida]
mapa (m)	carta (f) geografica	['karta dʒeo'grafika]
local (m), area (f)	località (f)	[lokali'ta]
lugar, sítio (m)	luogo (m)	[lu'ogo]
exotismo (m)	ogetti (m pl) esotici	[o'dʒetti e'zotitʃi]
exótico	esotico	[e'zotiko]
surpreendente	sorprendente	[sorpren'dente]
grupo (m)	gruppo (m)	['gruppo]
excursão (f)	escursione (f)	[eskur'sjone]
guia (m)	guida (f)	['gwida]

100. Hotel

hotel (m)	albergo, hotel (m)	[al'bergo], [o'tel]
motel (m)	motel (m)	[mo'tel]
três estrelas	tre stelle	[tre 'stelle]

cinco estrelas	cinque stelle	['tʃinkwe 'stelle]
ficar (~ num hotel)	alloggiare (vi)	[allo'dʒare]
quarto (m)	camera (f)	['kamera]
quarto (m) individual	camera (f) singola	['kamera 'singola]
quarto (m) duplo	camera (f) doppia	['kamera 'doppia]
reservar um quarto	prenotare una camera	[preno'tare 'una 'kamera]
meia pensão (f)	mezza pensione (f)	['meddza pen'sjone]
pensão (f) completa	pensione (f) completa	[pen'sjone kom'pleta]
com banheira	con bagno	[kon 'baɲo]
com duche	con doccia	[kon 'dotʃa]
televisão (m) satélite	televisione (f) satellitare	[televi'zjone satelli'tare]
ar (m) condicionado	condizionatore (m)	[konditsiona'tore]
toalha (f)	asciugamano (m)	[aʃuga'mano]
chave (f)	chiave (f)	['kjave]
administrador (m)	amministratore (m)	[amministra'tore]
camareira (f)	cameriera (f)	[kame'rjera]
bagageiro (m)	portabagagli (m)	[porta·ba'gaʎʎi]
porteiro (m)	portiere (m)	[por'tjere]
restaurante (m)	ristorante (m)	[risto'rante]
bar (m)	bar (m)	[bar]
pequeno-almoço (m)	colazione (f)	[kola'tsjone]
jantar (m)	cena (f)	['tʃena]
buffet (m)	buffet (m)	[bufˈfe]
hall (m) de entrada	hall (f)	[oll]
elevador (m)	ascensore (m)	[aʃen'sore]
NÃO PERTURBE	NON DISTURBARE	[non distur'bare]
PROIBIDO FUMAR!	VIETATO FUMARE!	[vje'tato fu'mare]

EQUIPAMENTO TÉCNICO. TRANSPORTES

Equipamento técnico. Transportes

101. Computador

computador (m)	computer (m)	[kom'pjuter]
portátil (m)	computer (m) portatile	[kom'pjuter por'tatile]
ligar (vt)	accendere (vt)	[a'tʃendere]
desligar (vt)	spegnere (vt)	['speɲere]
teclado (m)	tastiera (f)	[tas'tjera]
tecla (f)	tasto (m)	['tasto]
rato (m)	mouse (m)	['maus]
tapete (m) de rato	tappetino (m) del mouse	[tappe'tino del 'maus]
botão (m)	tasto (m)	['tasto]
cursor (m)	cursore (m)	[kur'sore]
monitor (m)	monitor (m)	['monitor]
ecrã (m)	schermo (m)	['skermo]
disco (m) rígido	disco (m) rigido	['disko 'ridʒido]
capacidade (f) do disco rígido	spazio (m) sul disco rigido	['spatsio sul 'disko 'ridʒido]
memória (f)	memoria (f)	[me'moria]
memória RAM (f)	memoria (f) operativa	[me'moria opera'tiva]
ficheiro (m)	file (m)	[fajl]
pasta (f)	cartella (f)	[kar'tella]
abrir (vt)	aprire (vt)	[a'prire]
fechar (vt)	chiudere (vt)	['kjudere]
guardar (vt)	salvare (vt)	[sal'vare]
apagar, eliminar (vt)	eliminare (vt)	[elimi'nare]
copiar (vt)	copiare (vt)	[ko'pjare]
ordenar (vt)	ordinare (vt)	[ordi'nare]
copiar (vt)	trasferire (vt)	[trasfe'rire]
programa (m)	programma (m)	[pro'gramma]
software (m)	software (m)	['softwea]
programador (m)	programmatore (m)	[programma'tore]
programar (vt)	programmare (vt)	[program'mare]
hacker (m)	hacker (m)	['aker]
senha (f)	password (f)	['password]
vírus (m)	virus (m)	['virus]
detetar (vt)	trovare (vt)	[tro'vare]
byte (m)	byte (m)	[bajt]

megabyte (m)	megabyte (m)	['megabajt]
dados (m pl)	dati (m pl)	['dati]
base (f) de dados	database (m)	['databejz]
cabo (m)	cavo (m)	['kavo]
desconectar (vt)	sconnettere (vt)	[skon'nettere]
conetar (vt)	collegare (vt)	[kolle'gare]

102. Internet. E-mail

internet (f)	internet (f)	['internet]
browser (m)	navigatore (m)	[naviga'tore]
motor (m) de busca	motore (m) di ricerca	[mo'tore di ri'tʃerka]
provedor (m)	provider (m)	[pro'vajder]
webmaster (m)	webmaster (m)	web'master]
website, sítio web (m)	sito web (m)	['sito web]
página (f) web	pagina web (f)	['padʒina web]
endereço (m)	indirizzo (m)	[indi'rittso]
livro (m) de endereços	rubrica (f) indirizzi	[ru'brika indi'rittsi]
caixa (f) de correio	casella (f) di posta	[ka'zella di 'posta]
correio (m)	posta (f)	['posta]
cheia (caixa de correio)	battaglia (f)	[bat'taʎʎa]
mensagem (f)	messaggio (m)	[mes'sadʒo]
mensagens (f pl) recebidas	messaggi (m pl) in arrivo	[mes'sadʒi in ar'rivo]
mensagens (f pl) enviadas	messaggi (m pl) in uscita	[mes'sadʒo in u'ʃita]
remetente (m)	mittente (m)	[mit'tente]
enviar (vt)	inviare (vt)	[in'vjare]
envio (m)	invio (m)	[in'vio]
destinatário (m)	destinatario (m)	[destina'tario]
receber (vt)	ricevere (vt)	[ri'tʃevere]
correspondência (f)	corrispondenza (f)	[korrispon'dentsa]
corresponder-se (vr)	essere in corrispondenza	['essere in korrispon'dentsa]
ficheiro (m)	file (m)	[fajl]
fazer download, baixar	scaricare (vt)	[skari'kare]
criar (vt)	creare (vt)	[kre'are]
apagar, eliminar (vt)	eliminare (vt)	[elimi'nare]
eliminado	eliminato	[elimi'nato]
conexão (f)	connessione (f)	[konne'sjone]
velocidade (f)	velocità (f)	[velotʃi'ta]
modem (m)	modem (m)	['modem]
acesso (m)	accesso (m)	[a'tʃesso]
porta (f)	porta (f)	['porta]
conexão (f)	collegamento (m)	[kollega'mento]
conetar (vi)	collegarsi a …	[kolle'garsi a]
escolher (vt)	scegliere (vt)	['ʃeʎʎere]
buscar (vt)	cercare (vt)	[tʃer'kare]

103. Eletricidade

eletricidade (f)	elettricità (f)	[elettritʃi'ta]
elétrico	elettrico	[e'lettriko]
central (f) elétrica	centrale (f) elettrica	[tʃen'trale e'lettrika]
energia (f)	energia (f)	[ener'dʒia]
energia (f) elétrica	energia (f) elettrica	[ener'dʒia e'lettrika]
lâmpada (f)	lampadina (f)	[lampa'dina]
lanterna (f)	torcia (f) elettrica	['tortʃa e'lettrika]
poste (m) de iluminação	lampione (m)	[lam'pjone]
luz (f)	luce (f)	['lutʃe]
ligar (vt)	accendere (vt)	[a'tʃendere]
desligar (vt)	spegnere (vt)	['speɲere]
apagar a luz	spegnere la luce	['speɲere la 'lutʃe]
fundir (vi)	fulminarsi (vr)	[fulmi'narsi]
curto-circuito (m)	corto circuito (m)	['korto tʃir'kwito]
rutura (f)	rottura (f)	[rot'tura]
contacto (m)	contatto (m)	[kon'tatto]
interruptor (m)	interruttore (m)	[interrut'tore]
tomada (f)	presa (f) elettrica	['preza e'lettrika]
ficha (f)	spina (f)	['spina]
extensão (f)	prolunga (f)	[pro'lunga]
fusível (m)	fusibile (m)	[fu'zibile]
fio, cabo (m)	filo (m)	['filo]
instalação (f) elétrica	impianto (m) elettrico	[im'pjanto e'lettriko]
ampere (m)	ampere (m)	[am'pere]
amperagem (f)	intensità di corrente	[intensi'ta di kor'rente]
volt (m)	volt (m)	[volt]
voltagem (f)	tensione (f)	[ten'sjone]
aparelho (m) elétrico	apparecchio (m) elettrico	[appa'rekkjo e'lettriko]
indicador (m)	indicatore (m)	[indika'tore]
eletricista (m)	elettricista (m)	[elettri'tʃista]
soldar (vt)	saldare (vt)	[sal'dare]
ferro (m) de soldar	saldatoio (m)	[salda'tojo]
corrente (f) elétrica	corrente (f)	[kor'rente]

104. Ferramentas

ferramenta (f)	utensile (m)	[uten'sile]
ferramentas (f pl)	utensili (m pl)	[uten'sili]
equipamento (m)	impianto (m)	[im'pjanto]
martelo (m)	martello (m)	[mar'tello]
chave (f) de fendas	giravite (m)	[dʒira'vite]
machado (m)	ascia (f)	['aʃa]

serra (f)	sega (f)	['sega]
serrar (vt)	segare (vt)	[se'gare]
plaina (f)	pialla (f)	['pjalla]
aplainar (vt)	piallare (vt)	[pjal'lare]
ferro (m) de soldar	saldatoio (m)	[salda'tojo]
soldar (vt)	saldare (vt)	[sal'dare]
lima (f)	lima (f)	['lima]
tenaz (f)	tenaglie (f pl)	[te'naʎʎe]
alicate (m)	pinza (f) a punte piatte	['pintsa a 'punte 'pjatte]
formão (m)	scalpello (m)	[skal'pello]
broca (f)	punta (f) da trapano	['punta da 'trapano]
berbequim (f)	trapano (m) elettrico	['trapano e'lettriko]
furar (vt)	trapanare (vt)	[trapa'nare]
faca (f)	coltello (m)	[kol'tello]
canivete (m)	coltello (m) da tasca	[kol'tello da 'taska]
lâmina (f)	lama (f)	['lama]
afiado	affilato	[affi'lato]
cego	smussato	[zmu'sato]
embotar-se (vr)	smussarsi (vr)	[zmus'sarsi]
afiar, amolar (vt)	affilare (vt)	[affi'lare]
parafuso (m)	bullone (m)	[bul'lone]
porca (f)	dado (m)	['dado]
rosca (f)	filettatura (f)	[filetta'tura]
parafuso (m) para madeira	vite (f)	['vite]
prego (m)	chiodo (m)	[ki'odo]
cabeça (f) do prego	testa (f) di chiodo	['testa di ki'odo]
régua (f)	regolo (m)	['regolo]
fita (f) métrica	nastro (m) metrico	['nastro 'metriko]
nível (m)	livella (f)	[li'vella]
lupa (f)	lente (f) d'ingradimento	['lente dingrandi'mento]
medidor (m)	strumento (m) di misurazione	[stru'mento di mizura'tsjone]
medir (vt)	misurare (vt)	[mizu'rare]
escala (f)	scala (f) graduata	['skala gradu'ata]
indicação (f), registo (m)	lettura, indicazione (f)	[let'tura], [indika'tsjone]
compressor (m)	compressore (m)	[kompres'sore]
microscópio (m)	microscopio (m)	[mikro'skopio]
bomba (f)	pompa (f)	['pompa]
robô (m)	robot (m)	[ro'bo]
laser (m)	laser (m)	['lazer]
chave (f) de boca	chiave (f)	['kjave]
fita (f) adesiva	nastro (m) adesivo	['nastro ade'zivo]
cola (f)	colla (f)	['kolla]
lixa (f)	carta (f) smerigliata	['karta zmeriʎ'ʎata]
mola (f)	molla (f)	['molla]

íman (m)	magnete (m)	[ma'ɲete]
luvas (f pl)	guanti (m pl)	['gwanti]

corda (f)	corda (f)	['korda]
cordel (m)	cordone (m)	[kor'done]
fio (m)	filo (m)	['filo]
cabo (m)	cavo (m)	['kavo]

marreta (f)	mazza (f)	['mattsa]
pé de cabra (m)	palanchino (m)	[palaŋ'kino]
escada (f) de mão	scala (f) a pioli	['skala a pi'oli]
escadote (m)	scala (m) a libretto	['skala a li'bretto]

enroscar (vt)	avvitare (vt)	[avvi'tare]
desenroscar (vt)	svitare (vt)	[zvi'tare]
apertar (vt)	stringere (vt)	['strindʒere]
colar (vt)	incollare (vt)	[inkol'lare]
cortar (vt)	tagliare (vt)	[taʎ'ʎare]

falha (mau funcionamento)	guasto (m)	['gwasto]
conserto (m)	riparazione (f)	[ripara'tsjone]
consertar, reparar (vt)	riparare (vt)	[ripa'rare]
regular, ajustar (vt)	regolare (vt)	[rego'lare]

verificar (vt)	verificare (vt)	[verifi'kare]
verificação (f)	controllo (m)	[kon'trollo]
indicação (f), registo (m)	lettura, indicazione (f)	[let'tura], [indika'tsjone]

seguro	sicuro	[si'kuro]
complicado	complesso	[kom'plesso]

enferrujar (vi)	arrugginire (vi)	[arrudʒi'nire]
enferrujado	arrugginito	[arrudʒi'nito]
ferrugem (f)	ruggine (f)	['rudʒine]

Transportes

105. Avião

avião (m)	aereo (m)	[a'ereo]
bilhete (m) de avião	biglietto (m) aereo	[biʎ'ʎetto a'ereo]
companhia (f) aérea	compagnia (f) aerea	[kompa'ɲia a'erea]
aeroporto (m)	aeroporto (m)	[aero'porto]
supersónico	supersonico	[super'soniko]
comandante (m) do avião	comandante (m)	[koman'dante]
tripulação (f)	equipaggio (m)	[ekwi'padʒo]
piloto (m)	pilota (m)	[pi'lota]
hospedeira (f) de bordo	hostess (f)	['ostess]
copiloto (m)	navigatore (m)	[naviga'tore]
asas (f pl)	ali (f pl)	['ali]
cauda (f)	coda (f)	['koda]
cabine (f) de pilotagem	cabina (f)	[ka'bina]
motor (m)	motore (m)	[mo'tore]
trem (m) de aterragem	carrello (m) d'atterraggio	[kar'rello datter'radʒo]
turbina (f)	turbina (f)	[tur'bina]
hélice (f)	elica (f)	['elika]
caixa-preta (f)	scatola (f) nera	['skatola 'nera]
coluna (f) de controlo	barra (f) di comando	['barra di ko'mando]
combustível (m)	combustibile (m)	[kombu'stibile]
instruções (f pl) de segurança	safety card (f)	['sejfti kard]
máscara (f) de oxigénio	maschera (f) ad ossigeno	['maskera ad os'sidʒeno]
uniforme (m)	uniforme (f)	[uni'forme]
colete (m) salva-vidas	giubbotto (m) di salvataggio	[dʒub'botto di salva'tadʒo]
paraquedas (m)	paracadute (m)	[paraka'dute]
descolagem (f)	decollo (m)	[de'kollo]
descolar (vi)	decollare (vi)	[dekol'lare]
pista (f) de descolagem	pista (f) di decollo	['pista di de'kollo]
visibilidade (f)	visibilità (f)	[vizibili'ta]
voo (m)	volo (m)	['volo]
altura (f)	altitudine (f)	[alti'tudine]
poço (m) de ar	vuoto (m) d'aria	[vu'oto 'daria]
assento (m)	posto (m)	['posto]
auscultadores (m pl)	cuffia (f)	['kuffia]
mesa (f) rebatível	tavolinetto (m) pieghevole	[tavoli'netto pje'gevole]
vigia (f)	oblò (m), finestrino (m)	[ob'lo], [fine'strino]
passagem (f)	corridoio (m)	[korri'dojo]

106. Comboio

comboio (m)	treno (m)	['treno]
comboio (m) suburbano	elettrotreno (m)	[elettro'treno]
comboio (m) rápido	treno (m) rapido	['treno 'rapido]
locomotiva (f) diesel	locomotiva (f) diesel	[lokomo'tiva 'dizel]
locomotiva (f) a vapor	locomotiva (f) a vapore	[lokomo'tiva a va'pore]
carruagem (f)	carrozza (f)	[kar'rottsa]
carruagem restaurante (f)	vagone (m) ristorante	[va'gone risto'rante]
carris (m pl)	rotaie (f pl)	[ro'taje]
caminho de ferro (m)	ferrovia (f)	[ferro'via]
travessa (f)	traversa (f)	[tra'versa]
plataforma (f)	banchina (f)	[baŋ'kina]
linha (f)	binario (m)	[bi'nario]
semáforo (m)	semaforo (m)	[se'maforo]
estação (f)	stazione (f)	[sta'tsjone]
maquinista (m)	macchinista (m)	[makki'nista]
bagageiro (m)	portabagagli (m)	[porta·ba'gaʎʎi]
hospedeiro, -a (da carruagem)	cuccettista (m, f)	[kutʃet'tista]
passageiro (m)	passeggero (m)	[passe'dʒero]
revisor (m)	controllore (m)	[kontrol'lore]
corredor (m)	corridoio (m)	[korri'dojo]
freio (m) de emergência	freno (m) di emergenza	['freno di emer'dʒentsa]
compartimento (m)	scompartimento (m)	[skomparti'mento]
cama (f)	cuccetta (f)	[ku'tʃetta]
cama (f) de cima	cuccetta (f) superiore	[ku'tʃetta supe'rjore]
cama (f) de baixo	cuccetta (f) inferiore	[ku'tʃetta infe'rjore]
roupa (f) de cama	biancheria (f) da letto	[bjanke'ria da 'letto]
bilhete (m)	biglietto (m)	[biʎ'ʎetto]
horário (m)	orario (m)	[o'rario]
painel (m) de informação	tabellone (m) orari	[tabel'lone o'rari]
partir (vt)	partire (vi)	[par'tire]
partida (f)	partenza (f)	[par'tentsa]
chegar (vi)	arrivare (vi)	[arri'vare]
chegada (f)	arrivo (m)	[ar'rivo]
chegar de comboio	arrivare con il treno	[arri'vare kon il 'treno]
apanhar o comboio	salire sul treno	[sa'lire sul 'treno]
sair do comboio	scendere dal treno	['ʃendere dal 'treno]
acidente (m) ferroviário	deragliamento (m)	[deraʎʎa'mento]
descarrilar (vi)	deragliare (vi)	[deraʎ'ʎare]
locomotiva (f) a vapor	locomotiva (f) a vapore	[lokomo'tiva a va'pore]
fogueiro (m)	fuochista (m)	[fo'kista]
fornalha (f)	forno (m)	['forno]
carvão (m)	carbone (m)	[kar'bone]

107. Barco

navio (m)	nave (f)	['nave]
embarcação (f)	imbarcazione (f)	[imbarka'tsjone]
vapor (m)	piroscafo (m)	[pi'roskafo]
navio (m)	barca (f) fluviale	['barka flu'vjale]
transatlântico (m)	transatlantico (m)	[transat'lantiko]
cruzador (m)	incrociatore (m)	[inkrotʃa'tore]
iate (m)	yacht (m)	[jot]
rebocador (m)	rimorchiatore (m)	[rimorkja'tore]
barcaça (f)	chiatta (f)	['kjatta]
ferry (m)	traghetto (m)	[tra'getto]
veleiro (m)	veliero (m)	[ve'ljero]
bergantim (m)	brigantino (m)	[brigan'tino]
quebra-gelo (m)	rompighiaccio (m)	[rompi'gjatʃo]
submarino (m)	sottomarino (m)	[sottoma'rino]
bote, barco (m)	barca (f)	['barka]
bote, dingue (m)	scialuppa (f)	[ʃa'luppa]
bote (m) salva-vidas	scialuppa (f) di salvataggio	[ʃa'luppa di salva'tadʒo]
lancha (f)	motoscafo (m)	[moto'skafo]
capitão (m)	capitano (m)	[kapi'tano]
marinheiro (m)	marittimo (m)	[ma'rittimo]
marujo (m)	marinaio (m)	[mari'najo]
tripulação (f)	equipaggio (m)	[ekwi'padʒo]
contramestre (m)	nostromo (m)	[no'stromo]
grumete (m)	mozzo (m) di nave	['mottso di 'nave]
cozinheiro (m) de bordo	cuoco (m)	[ku'oko]
médico (m) de bordo	medico (m) di bordo	['mediko di 'bordo]
convés (m)	ponte (m)	['ponte]
mastro (m)	albero (m)	['albero]
vela (f)	vela (f)	['vela]
porão (m)	stiva (f)	['stiva]
proa (f)	prua (f)	['prua]
popa (f)	poppa (f)	['poppa]
remo (m)	remo (m)	['remo]
hélice (f)	elica (f)	['elika]
camarote (m)	cabina (f)	[ka'bina]
sala (f) dos oficiais	quadrato (m) degli ufficiali	[kwa'drato 'deʎʎi uffi'tʃali]
sala (f) das máquinas	sala (f) macchine	['sala 'makkine]
ponte (m) de comando	ponte (m) di comando	['ponte di ko'mando]
sala (f) de comunicações	cabina (f) radiotelegrafica	[ka'bina radiotele'grafika]
onda (f) de rádio	onda (f)	['onda]
diário (m) de bordo	giornale (m) di bordo	[dʒor'nale di 'bordo]
luneta (f)	cannocchiale (m)	[kannok'kjale]
sino (m)	campana (f)	[kam'pana]

bandeira (f)	bandiera (f)	[ban'djera]
cabo (m)	cavo (m) d'ormeggio	['kavo dor'medʒo]
nó (m)	nodo (m)	['nodo]

corrimão (m)	ringhiera (f)	[rin'gjera]
prancha (f) de embarque	passerella (f)	[passe'rella]

âncora (f)	ancora (f)	['ankora]
recolher a âncora	levare l'ancora	[le'vare 'lankora]
lançar a âncora	gettare l'ancora	[dʒet'tare 'lankora]
amarra (f)	catena (f) dell'ancora	[ka'tena dell 'ankora]

porto (m)	porto (m)	['porto]
cais, amarradouro (m)	banchina (f)	[baŋ'kina]
atracar (vi)	ormeggiarsi (vr)	[orme'dʒarsi]
desatracar (vi)	salpare (vi)	[sal'pare]

viagem (f)	viaggio (m)	['vjadʒo]
cruzeiro (m)	crociera (f)	[kro'tʃera]
rumo (m), rota (f)	rotta (f)	['rotta]
itinerário (m)	itinerario (m)	[itine'rario]

canal (m) navegável	tratto (m) navigabile	['tratto navi'gabile]
banco (m) de areia	secca (f)	['sekka]
encalhar (vt)	arenarsi (vr)	[are'narsi]

tempestade (f)	tempesta (f)	[tem'pesta]
sinal (m)	segnale (m)	[se'ɲale]
afundar-se (vr)	affondare (vi)	[affon'dare]
Homem ao mar!	Uomo in mare!	[u'omo in 'mare]
SOS	SOS	['esse o 'esse]
boia (f) salva-vidas	salvagente (m) anulare	[salva'dʒente anu'lare]

108. Aeroporto

aeroporto (m)	aeroporto (m)	[aero'porto]
avião (m)	aereo (m)	[a'ereo]
companhia (f) aérea	compagnia (f) aerea	[kompa'ɲia a'erea]
controlador (m) de tráfego aéreo	controllore (m) di volo	[kontrol'lore di 'volo]

partida (f)	partenza (f)	[par'tentsa]
chegada (f)	arrivo (m)	[ar'rivo]
chegar (~ de avião)	arrivare (vi)	[arri'vare]

hora (f) de partida	ora (f) di partenza	['ora di par'tentsa]
hora (f) de chegada	ora (f) di arrivo	['ora di ar'rivo]

estar atrasado	essere ritardato	['essere ritar'dato]
atraso (m) de voo	volo (m) ritardato	['volo ritar'dato]

painel (m) de informação	tabellone (m) orari	[tabel'lone o'rari]
informação (f)	informazione (f)	[informa'tsjone]
anunciar (vt)	annunciare (vt)	[annun'tʃare]

voo (m)	volo (m)	['volo]
alfândega (f)	dogana (f)	[do'gana]
funcionário (m) da alfândega	doganiere (m)	[doga'njere]
declaração (f) alfandegária	dichiarazione (f)	[dikjara'tsjone]
preencher (vt)	riempire (vt)	[riem'pire]
preencher a declaração	riempire una dichiarazione	[riem'pire 'una dikjara'tsjone]
controlo (m) de passaportes	controllo (m) passaporti	[kon'trollo passa'porti]
bagagem (f)	bagaglio (m)	[ba'gaʎʎo]
bagagem (f) de mão	bagaglio (m) a mano	[ba'gaʎʎo a 'mano]
carrinho (m)	carrello (m)	[kar'rello]
aterragem (f)	atterraggio (m)	[atter'radʒo]
pista (f) de aterragem	pista (f) di atterraggio	['pista di atter'radʒo]
aterrar (vi)	atterrare (vi)	[atter'rare]
escada (f) de avião	scaletta (f) dell'aereo	[ska'letta dell a'ereo]
check-in (m)	check-in (m)	[tʃek-in]
balcão (m) do check-in	banco (m) del check-in	['banko del tʃek-in]
fazer o check-in	fare il check-in	['fare il tʃek-in]
cartão (m) de embarque	carta (f) d'imbarco	['karta dim'barko]
porta (f) de embarque	porta (f) d'imbarco	['porta dim'barko]
trânsito (m)	transito (m)	['tranzito]
esperar (vi, vt)	aspettare (vt)	[aspet'tare]
sala (f) de espera	sala (f) d'attesa	['sala dat'teza]
despedir-se de …	accompagnare (vt)	[akkompa'ɲare]
despedir-se (vr)	congedarsi (vr)	[kondʒe'darsi]

Eventos

109. Férias. Evento

festa (f)	festa (f)	['festa]
festa (f) nacional	festa (f) nazionale	['festa natsjo'nale]
feriado (m)	festività (f) civile	[festivi'ta tʃi'vile]
festejar (vt)	festeggiare (vt)	[feste'dʒare]
evento (festa, etc.)	avvenimento (m)	[avveni'mento]
evento (banquete, etc.)	evento (m)	[e'vento]
banquete (m)	banchetto (m)	[baŋ'ketto]
receção (f)	ricevimento (m)	[ritʃevi'mento]
festim (m)	festino (m)	[fes'tino]
aniversário (m)	anniversario (m)	[anniver'sario]
jubileu (m)	giubileo (m)	[dʒubi'leo]
celebrar (vt)	festeggiare (vt)	[feste'dʒare]
Ano (m) Novo	Capodanno (m)	[kapo'danno]
Feliz Ano Novo!	Buon Anno!	[buo'nanno]
Natal (m)	Natale (m)	[na'tale]
Feliz Natal!	Buon Natale!	[bu'on na'tale]
árvore (f) de Natal	Albero (m) di Natale	['albero di na'tale]
fogo (m) de artifício	fuochi (m pl) artificiali	[fu'oki artifi'tʃali]
boda (f)	nozze (f pl)	['nottse]
noivo (m)	sposo (m)	['spozo]
noiva (f)	sposa (f)	['spoza]
convidar (vt)	invitare (vt)	[invi'tare]
convite (m)	invito (m)	[in'vito]
convidado (m)	ospite (m)	['ospite]
visitar (vt)	andare a trovare	[an'dare a tro'vare]
receber os hóspedes	accogliere gli invitati	[ak'koʎʎere ʎi invi'tati]
presente (m)	regalo (m)	[re'galo]
oferecer (vt)	offrire (vt)	[of'frire]
receber presentes	ricevere i regali	[ri'tʃevere i re'gali]
ramo (m) de flores	mazzo (m) di fiori	['mattso di 'fjori]
felicitações (f pl)	auguri (m pl)	[au'guri]
felicitar (dar os parabéns)	augurare (vt)	[augu'rare]
cartão (m) de parabéns	cartolina (f)	[karto'lina]
enviar um postal	mandare una cartolina	[man'dare 'una karto'lina]
receber um postal	ricevere una cartolina	[ri'tʃevere 'una karto'lina]
brinde (m)	brindisi (m)	['brindizi]

oferecer (vt)	offrire (vt)	[of'frire]
champanhe (m)	champagne (m)	[ʃam'paɲ]
divertir-se (vr)	divertirsi (vr)	[diver'tirsi]
diversão (f)	allegria (f)	[alle'gria]
alegria (f)	gioia (f)	['dʒoja]
dança (f)	danza (f), ballo (m)	['dantsa], ['ballo]
dançar (vi)	ballare (vi, vt)	[bal'lare]
valsa (f)	valzer (m)	['valtser]
tango (m)	tango (m)	['tango]

110. Funerais. Enterro

cemitério (m)	cimitero (m)	[tʃimi'tero]
sepultura (f), túmulo (m)	tomba (f)	['tomba]
cruz (f)	croce (f)	['krotʃe]
lápide (f)	pietra (f) tombale	['pjetra tom'bale]
cerca (f)	recinto (m)	[re'tʃinto]
capela (f)	cappella (f)	[kap'pella]
morte (f)	morte (f)	['morte]
morrer (vi)	morire (vi)	[mo'rire]
defunto (m)	defunto (m)	[de'funto]
luto (m)	lutto (m)	['lutto]
enterrar, sepultar (vt)	seppellire (vt)	[seppel'lire]
agência (f) funerária	sede (f) di pompe funebri	['sede di 'pompe 'funebri]
funeral (m)	funerale (m)	[fune'rale]
coroa (f) de flores	corona (f) di fiori	[ko'rona di 'fjori]
caixão (m)	bara (f)	['bara]
carro (m) funerário	carro (m) funebre	['karro 'funebre]
mortalha (f)	lenzuolo (m) funebre	[lentsu'olo 'funebre]
procissão (f) funerária	corteo (m) funebre	[kor'teo 'funebre]
urna (f) funerária	urna (f) funeraria	['urna fune'raria]
crematório (m)	crematorio (m)	[krema'torio]
obituário (m), necrologia (f)	necrologio (m)	[nekro'lodʒo]
chorar (vi)	piangere (vi)	['pjandʒere]
soluçar (vi)	singhiozzare (vi)	[singjot'tsare]

111. Guerra. Soldados

pelotão (m)	plotone (m)	[plo'tone]
companhia (f)	compagnia (f)	[kompa'ɲia]
regimento (m)	reggimento (m)	[redʒi'mento]
exército (m)	esercito (m)	[e'zertʃito]
divisão (f)	divisione (f)	[divi'zjone]
destacamento (m)	distaccamento (m)	[distakka'mento]

hoste (f)	armata (f)	[ar'mata]
soldado (m)	soldato (m)	[sol'dato]
oficial (m)	ufficiale (m)	[uffi'tʃale]

soldado (m) raso	soldato (m) semplice	[sol'dato 'semplitʃe]
sargento (m)	sergente (m)	[ser'dʒente]
tenente (m)	tenente (m)	[te'nente]
capitão (m)	capitano (m)	[kapi'tano]
major (m)	maggiore (m)	[ma'dʒore]
coronel (m)	colonnello (m)	[kolon'nello]
general (m)	generale (m)	[dʒene'rale]

marujo (m)	marinaio (m)	[mari'najo]
capitão (m)	capitano (m)	[kapi'tano]
contramestre (m)	nostromo (m)	[no'stromo]

artilheiro (m)	artigliere (m)	[artiʎ'ʎere]
soldado (m) paraquedista	paracadutista (m)	[parakadu'tista]
piloto (m)	pilota (m)	[pi'lota]
navegador (m)	navigatore (m)	[naviga'tore]
mecânico (m)	meccanico (m)	[mek'kaniko]

sapador (m)	geniere (m)	[dʒe'njere]
paraquedista (m)	paracadutista (m)	[parakadu'tista]
explorador (m)	esploratore (m)	[esplora'tore]
franco-atirador (m)	cecchino (m)	[tʃek'kino]

patrulha (f)	pattuglia (f)	[pat'tuʎʎa]
patrulhar (vt)	pattugliare (vt)	[pattuʎ'ʎare]
sentinela (f)	sentinella (f)	[senti'nella]

guerreiro (m)	guerriero (m)	[gwer'rjero]
patriota (m)	patriota (m)	[patri'ota]
herói (m)	eroe (m)	[e'roe]
heroína (f)	eroina (f)	[ero'ina]

traidor (m)	traditore (m)	[tradi'tore]
desertor (m)	disertore (m)	[dizer'tore]
desertar (vt)	disertare (vi)	[dizer'tare]

mercenário (m)	mercenario (m)	[mertʃe'nario]
recruta (m)	recluta (f)	['rekluta]
voluntário (m)	volontario (m)	[volon'tario]

morto (m)	ucciso (m)	[u'tʃizo]
ferido (m)	ferito (m)	[fe'rito]
prisioneiro (m) de guerra	prigioniero (m) di guerra	[pridʒo'njero di 'gwerra]

112. Guerra. Ações militares. Parte 1

guerra (f)	guerra (f)	['gwerra]
guerrear (vt)	essere in guerra	['essere in 'gwerra]
guerra (f) civil	guerra (f) civile	['gwerra tʃi'vile]
perfidamente	perfidamente	[perfida'mente]

Português	Italiano	Pronúncia
declaração (f) de guerra	dichiarazione (f) di guerra	[dikjara'tsjone di 'gwerra]
declarar (vt) guerra	dichiarare (vt)	[dikja'rare]
agressão (f)	aggressione (f)	[aggres'sjone]
atacar (vt)	attaccare (vt)	[attak'kare]
invadir (vt)	invadere (vt)	[in'vadere]
invasor (m)	invasore (m)	[inva'zore]
conquistador (m)	conquistatore (m)	[konkwista'tore]
defesa (f)	difesa (f)	[di'feza]
defender (vt)	difendere (vt)	[di'fendere]
defender-se (vr)	difendersi (vr)	[di'fendersi]
inimigo (m)	nemico (m)	[ne'miko]
adversário (m)	avversario (m)	[avver'sario]
inimigo	ostile	[o'stile]
estratégia (f)	strategia (f)	[strate'dʒia]
tática (f)	tattica (f)	['tattika]
ordem (f)	ordine (m)	['ordine]
comando (m)	comando (m)	[ko'mando]
ordenar (vt)	ordinare (vt)	[ordi'nare]
missão (f)	missione (f)	[mis'sjone]
secreto	segreto	[se'greto]
batalha (f)	battaglia (f)	[bat'taʎʎa]
combate (m)	combattimento (m)	[kombatti'mento]
ataque (m)	attacco (m)	[at'takko]
assalto (m)	assalto (m)	[as'salto]
assaltar (vt)	assalire (vt)	[assa'lire]
assédio, sítio (m)	assedio (m)	[as'sedio]
ofensiva (f)	offensiva (f)	[offen'siva]
passar à ofensiva	passare all'offensiva	[pas'sare all ofen'siva]
retirada (f)	ritirata (f)	[riti'rata]
retirar-se (vr)	ritirarsi (vr)	[riti'rarsi]
cerco (m)	accerchiamento (m)	[atʧerkja'mento]
cercar (vt)	accerchiare (vt)	[atʧer'kjare]
bombardeio (m)	bombardamento (m)	[bombarda'mento]
lançar uma bomba	lanciare una bomba	[lan'ʧare 'una 'bomba]
bombardear (vt)	bombardare (vt)	[bomar'dare]
explosão (f)	esplosione (f)	[esplo'zjone]
tiro (m)	sparo (m)	['sparo]
disparar um tiro	sparare un colpo	[spa'rare un 'kolpo]
tiroteio (m)	sparatoria (f)	[spara'toria]
apontar para ...	puntare su ...	[pun'tare su]
apontar (vt)	puntare (vt)	[pun'tare]
acertar (vt)	colpire (vt)	[kol'pire]
afundar (um navio)	affondare (vt)	[affon'dare]

brecha (f)	falla (f)	['falla]
afundar-se (vr)	affondare (vi)	[affon'dare]
frente (m)	fronte (m)	['fronte]
evacuação (f)	evacuazione (f)	[evakua'tsjone]
evacuar (vt)	evacuare (vt)	[evaku'are]
trincheira (f)	trincea (f)	[trin'tʃea]
arame (m) farpado	filo (m) spinato	['filo spi'nato]
obstáculo (m) anticarro	sbarramento (m)	[zbarra'mento]
torre (f) de vigia	torretta (f) di osservazione	[tor'retta di oserva'tsjone]
hospital (m)	ospedale (m) militare	[ospe'dale mili'tare]
ferir (vt)	ferire (vt)	[fe'rire]
ferida (f)	ferita (f)	[fe'rita]
ferido (m)	ferito (m)	[fe'rito]
ficar ferido	rimanere ferito	[rima'nere fe'rito]
grave (ferida ~)	grave	['grave]

113. Guerra. Ações militares. Parte 2

cativeiro (m)	prigionia (f)	[pridʒo'nia]
capturar (vt)	fare prigioniero	['fare pridʒo'njero]
estar em cativeiro	essere prigioniero	['essere pridʒo'njero]
ser aprisionado	essere fatto prigioniero	['essere 'fatto pridʒo'njero]
campo (m) de concentração	campo (m) di concentramento	['kampo di kontʃentra'mento]
prisioneiro (m) de guerra	prigioniero (m) di guerra	[pridʒo'njero di 'gwerra]
escapar (vi)	fuggire (vi)	[fu'dʒire]
trair (vt)	tradire (vt)	[tra'dire]
traidor (m)	traditore (m)	[tradi'tore]
traição (f)	tradimento (m)	[tradi'mento]
fuzilar, executar (vt)	fucilare (vt)	[futʃi'lare]
fuzilamento (m)	fucilazione (f)	[futʃila'tsjone]
equipamento (m)	divisa (f) militare	[di'viza mili'tare]
platina (f)	spallina (f)	[spal'lina]
máscara (f) antigás	maschera (f) antigas	['maskera anti'gas]
rádio (m)	radiotrasmettitore (m)	['radio transmetti'tore]
cifra (f), código (m)	codice (m)	['koditʃe]
conspiração (f)	complotto (m)	[kom'plotto]
senha (f)	parola (f) d'ordine	[pa'rola 'dordine]
mina (f)	mina (f)	['mina]
minar (vt)	minare (vt)	[mi'nare]
campo (m) minado	campo (m) minato	['kampo mi'nato]
alarme (m) aéreo	allarme (m) aereo	[al'larme a'ereo]
alarme (m)	allarme (m)	[al'larme]
sinal (m)	segnale (m)	[se'ɲale]

sinalizador (m)	razzo (m) di segnalazione	['raddzo di seɲala'tsjone]
estado-maior (m)	quartier (m) generale	[kwar'tje dʒene'rale]
reconhecimento (m)	esplorazione (m)	[esplora'tore]
situação (f)	situazione (f)	[situa'tsjone]
relatório (m)	rapporto (m)	[rap'porto]
emboscada (f)	agguato (m)	[ag'gwato]
reforço (m)	rinforzo (m)	[rin'fortso]
alvo (m)	bersaglio (m)	[ber'saʎʎo]
campo (m) de tiro	terreno (m) di caccia	[ter'reno di 'katʃa]
manobras (f pl)	manovre (f pl)	[ma'novre]
pânico (m)	panico (m)	['paniko]
devastação (f)	devastazione (f)	[devasta'tsjone]
ruínas (f pl)	distruzione (f)	[distru'tsjone]
destruir (vt)	distruggere (vt)	[di'struddʒere]
sobreviver (vi)	sopravvivere (vi, vt)	[soprav'vivere]
desarmar (vt)	disarmare (vt)	[dizar'mare]
manusear (vt)	maneggiare (vt)	[mane'dʒare]
Firmes!	Attenti!	[at'tenti]
Descansar!	Riposo!	[ri'pozo]
façanha (f)	atto (m) eroico	['atto e'roiko]
juramento (m)	giuramento (m)	[dʒura'mento]
jurar (vi)	giurare (vi)	[dʒu'rare]
condecoração (f)	decorazione (f)	[dekora'tsjone]
condecorar (vt)	decorare qn	[deko'rare]
medalha (f)	medaglia (f)	[me'daʎʎa]
ordem (f)	ordine (m)	['ordine]
vitória (f)	vittoria (f)	[vit'toria]
derrota (f)	sconfitta (m)	[skon'fitta]
armistício (m)	armistizio (m)	[armi'stitsio]
bandeira (f)	bandiera (f)	[ban'djera]
glória (f)	gloria (f)	['gloria]
desfile (m) militar	parata (f)	[pa'rata]
marchar (vi)	marciare (vi)	[mar'tʃare]

114. Armas

arma (f)	armi (f pl)	['armi]
arma (f) de fogo	arma (f) da fuoco	['arma da fu'oko]
arma (f) branca	arma (f) bianca	['arma 'bjanka]
arma (f) química	armi (f pl) chimiche	['armi 'kimike]
nuclear	nucleare	[nukle'are]
arma (f) nuclear	armi (f pl) nucleari	['armi nukle'ari]
bomba (f)	bomba (f)	['bomba]
bomba (f) atómica	bomba (f) atomica	['bomba a'tomika]

Português	Italiano	Pronúncia
pistola (f)	pistola (f)	[pi'stola]
caçadeira (f)	fucile (m)	[fu'tʃile]
pistola-metralhadora (f)	mitra (m)	['mitra]
metralhadora (f)	mitragliatrice (f)	[mitraʎʎa'tritʃe]
boca (f)	bocca (f)	['bokka]
cano (m)	canna (f)	['kanna]
calibre (m)	calibro (m)	['kalibro]
gatilho (m)	grilletto (m)	[gril'letto]
mira (f)	mirino (m)	[mi'rino]
carregador (m)	caricatore (m)	[karika'tore]
coronha (f)	calcio (m)	['kaltʃo]
granada (f) de mão	bomba (f) a mano	['bomba a 'mano]
explosivo (m)	esplosivo (m)	[esplo'zivo]
bala (f)	pallottola (f)	[pal'lottola]
cartucho (m)	cartuccia (f)	[kar'tutʃa]
carga (f)	carica (f)	['karika]
munições (f pl)	munizioni (f pl)	[muni'tsjoni]
bombardeiro (m)	bombardiere (m)	[bombar'djere]
avião (m) de caça	aereo (m) da caccia	[a'ereo da 'katʃa]
helicóptero (m)	elicottero (m)	[eli'kottero]
canhão (m) antiaéreo	cannone (m) antiaereo	[kan'none anti·a'ereo]
tanque (m)	carro (m) armato	['karro ar'mato]
canhão (de um tanque)	cannone (m)	[kan'none]
artilharia (f)	artiglieria (f)	[artiʎʎe'ria]
canhão (m)	cannone (m)	[kan'none]
fazer a pontaria	mirare a ...	[mi'rare a]
obus (m)	proiettile (m)	[pro'jettile]
granada (f) de morteiro	granata (f) da mortaio	[gra'nata da mor'tajo]
morteiro (m)	mortaio (m)	[mor'tajo]
estilhaço (m)	scheggia (f)	['skedʒa]
submarino (m)	sottomarino (m)	[sottoma'rino]
torpedo (m)	siluro (m)	[si'luro]
míssil (m)	missile (m)	['missile]
carregar (uma arma)	caricare (vt)	[kari'kare]
atirar, disparar (vi)	sparare (vi)	[spa'rare]
apontar para ...	puntare su ...	[pun'tare su]
baioneta (f)	baionetta (f)	[bajo'netta]
espada (f)	spada (f)	['spada]
sabre (m)	sciabola (f)	['ʃabola]
lança (f)	lancia (f)	['lantʃa]
arco (m)	arco (m)	['arko]
flecha (f)	freccia (f)	['fretʃa]
mosquete (m)	moschetto (m)	[mos'ketto]
besta (f)	balestra (f)	[ba'lestra]

115. Povos da antiguidade

primitivo	primitivo	[primi'tivo]
pré-histórico	preistorico	[preis'toriko]
antigo	antico	[an'tiko]
Idade (f) da Pedra	Età (f) della pietra	[e'ta 'della 'pjetra]
Idade (f) do Bronze	Età (f) del bronzo	[e'ta del 'brondzo]
período (m) glacial	epoca (f) glaciale	['epoka gla'tʃale]
tribo (f)	tribù (f)	[tri'bu]
canibal (m)	cannibale (m)	[kan'nibale]
caçador (m)	cacciatore (m)	[katʃa'tore]
caçar (vi)	cacciare (vt)	[ka'tʃare]
mamute (m)	mammut (m)	[mam'mut]
caverna (f)	caverna (f), grotta (f)	[ka'verna], ['grotta]
fogo (m)	fuoco (m)	[fu'oko]
fogueira (f)	falò (m)	[fa'lo]
pintura (f) rupestre	pittura (f) rupestre	[pit'tura ru'pestre]
ferramenta (f)	strumento (m) di lavoro	[stru'mento di la'voro]
lança (f)	lancia (f)	['lantʃa]
machado (m) de pedra	ascia (f) di pietra	['aʃa di 'pjetra]
guerrear (vt)	essere in guerra	['essere in 'gwerra]
domesticar (vt)	addomesticare (vt)	[addomesti'kare]
ídolo (m)	idolo (m)	['idolo]
adorar, venerar (vt)	idolatrare (vt)	[idola'trare]
superstição (f)	superstizione (f)	[supersti'tsjone]
ritual (m)	rito (m)	['rito]
evolução (f)	evoluzione (f)	[evolu'tsjone]
desenvolvimento (m)	sviluppo (m)	[zvi'luppo]
desaparecimento (m)	estinzione (f)	[estin'tsjone]
adaptar-se (vr)	adattarsi (vr)	[adat'tarsi]
arqueologia (f)	archeologia (f)	[arkeolo'dʒia]
arqueólogo (m)	archeologo (m)	[arke'ologo]
arqueológico	archeologico	[arkeo'lodʒiko]
local (m) das escavações	sito (m) archeologico	['sito arkeo'lodʒiko]
escavações (f pl)	scavi (m pl)	['skavi]
achado (m)	reperto (m)	[re'perto]
fragmento (m)	frammento (m)	[fram'mento]

116. Idade média

povo (m)	popolo (m)	['popolo]
povos (m pl)	popoli (m pl)	['popoli]
tribo (f)	tribù (f)	[tri'bu]
tribos (f pl)	tribù (f pl)	[tri'bu]
bárbaros (m pl)	barbari (m pl)	['barbari]

gauleses (m pl)	galli (m pl)	['galli]
godos (m pl)	goti (m pl)	['goti]
eslavos (m pl)	slavi (m pl)	['zlavi]
víquingues (m pl)	vichinghi (m pl)	[vi'kingi]
romanos (m pl)	romani (m pl)	[ro'mani]
romano	romano	[ro'mano]
bizantinos (m pl)	bizantini (m pl)	[bidzan'tini]
Bizâncio	Bisanzio (m)	[bi'zansio]
bizantino	bizantino	[bidzan'tino]
imperador (m)	imperatore (m)	[impera'tore]
líder (m)	capo (m)	['kapo]
poderoso	potente	[po'tente]
rei (m)	re (m)	[re]
governante (m)	governante (m)	[gover'nante]
cavaleiro (m)	cavaliere (m)	[kava'ljere]
senhor feudal (m)	feudatario (m)	[feuda'tario]
feudal	feudale	[feu'dale]
vassalo (m)	vassallo (m)	[vas'sallo]
duque (m)	duca (m)	['duka]
conde (m)	conte (m)	['konte]
barão (m)	barone (m)	[ba'rone]
bispo (m)	vescovo (m)	['veskovo]
armadura (f)	armatura (f)	[arma'tura]
escudo (m)	scudo (m)	['skudo]
espada (f)	spada (f)	['spada]
viseira (f)	visiera (f)	[vi'zjera]
cota (f) de malha	cotta (f) di maglia	['kotta di 'maʎʎa]
cruzada (f)	crociata (f)	[kro'tʃata]
cruzado (m)	crociato (m)	[kro'tʃato]
território (m)	territorio (m)	[terri'torio]
atacar (vt)	attaccare (vt)	[attak'kare]
conquistar (vt)	conquistare (vt)	[konkwi'stare]
ocupar, invadir (vt)	occupare (vt)	[okku'pare]
assédio, sítio (m)	assedio (m)	[as'sedio]
sitiado	assediato	[asse'djato]
assediar, sitiar (vt)	assediare (vt)	[asse'djare]
inquisição (f)	inquisizione (f)	[inkwizi'tsjone]
inquisidor (m)	inquisitore (m)	[inkwizi'tore]
tortura (f)	tortura (f)	[tor'tura]
cruel	crudele	[kru'dele]
herege (m)	eretico (m)	[e'retiko]
heresia (f)	eresia (f)	[ere'zia]
navegação (f) marítima	navigazione (f)	[naviga'tsjone]
pirata (m)	pirata (m)	[pi'rata]
pirataria (f)	pirateria (f)	[pirate'ria]

abordagem (f)	arrembaggio (m)	[arrem'badʒo]
presa (f), butim (m)	bottino (m)	[bot'tino]
tesouros (m pl)	tesori (m)	[te'zori]
descobrimento (m)	scoperta (f)	[sko'perta]
descobrir (novas terras)	scoprire (vt)	[sko'prire]
expedição (f)	spedizione (f)	[spedi'tsjone]
mosqueteiro (m)	moschettiere (m)	[mosket'tjere]
cardeal (m)	cardinale (m)	[kardi'nale]
heráldica (f)	araldica (f)	[a'raldika]
heráldico	araldico	[a'raldiko]

117. Líder. Chefe. Autoridades

rei (m)	re (m)	[re]
rainha (f)	regina (f)	[re'dʒina]
real	reale	[re'ale]
reino (m)	regno (m)	['reɲo]
príncipe (m)	principe (m)	['printʃipe]
princesa (f)	principessa (f)	[printʃi'pessa]
presidente (m)	presidente (m)	[prezi'dente]
vice-presidente (m)	vicepresidente (m)	[vitʃe·prezi'dente]
senador (m)	senatore (m)	[sena'tore]
monarca (m)	monarca (m)	[mo'narka]
governante (m)	governante (m)	[gover'nante]
ditador (m)	dittatore (m)	[ditta'tore]
tirano (m)	tiranno (m)	[ti'ranno]
magnata (m)	magnate (m)	[ma'ɲate]
diretor (m)	direttore (m)	[diret'tore]
chefe (m)	capo (m)	['kapo]
dirigente (m)	dirigente (m)	[diri'dʒente]
patrão (m)	capo (m)	['kapo]
dono (m)	proprietario (m)	[proprie'tario]
chefe (~ de delegação)	capo (m)	['kapo]
autoridades (f pl)	autorità (f pl)	[autori'ta]
superiores (m pl)	superiori (m pl)	[supe'rjori]
governador (m)	governatore (m)	[governa'tore]
cônsul (m)	console (m)	['konsole]
diplomata (m)	diplomatico (m)	[diplo'matiko]
Presidente (m) da Câmara	sindaco (m)	['sindako]
xerife (m)	sceriffo (m)	[ʃe'riffo]
imperador (m)	imperatore (m)	[impera'tore]
czar (m)	zar (m)	[tsar]
faraó (m)	faraone (m)	[fara'one]
cã (m)	khan (m)	['kan]

118. Viloação da lei. Criminosos. Parte 1

bandido (m)	bandito (m)	[ban'dito]
crime (m)	delitto (m)	[de'litto]
criminoso (m)	criminale (m)	[krimi'nale]
ladrão (m)	ladro (m)	['ladro]
roubar (vt)	rubare (vi, vt)	[ru'bare]
furto (m)	ruberia (f)	[rube'ria]
furto (m)	furto (m)	['furto]
raptar (ex. ~ uma criança)	rapire (vt)	[ra'pire]
rapto (m)	rapimento (m)	[rapi'mento]
raptor (m)	rapitore (m)	[rapi'tore]
resgate (m)	riscatto (m)	[ris'katto]
pedir resgate	chiedere il riscatto	['kjedere il ris'katto]
roubar (vt)	rapinare (vt)	[rapi'nare]
assaltante (m)	rapinatore (m)	[rapina'tore]
extorquir (vt)	estorcere (vt)	[es'tortʃere]
extorsionário (m)	estorsore (m)	[estor'sore]
extorsão (f)	estorsione (f)	[estor'sjone]
matar, assassinar (vt)	uccidere (vt)	[u'tʃidere]
homicídio (m)	assassinio (m)	[assas'sinio]
homicida, assassino (m)	assassino (m)	[assas'sino]
tiro (m)	sparo (m)	['sparo]
dar um tiro	tirare un colpo	[ti'rare un 'kolpo]
matar a tiro	abbattere (vt)	[ab'battere]
atirar, disparar (vi)	sparare (vi)	[spa'rare]
tiroteio (m)	sparatoria (f)	[spara'toria]
incidente (m)	incidente (m)	[intʃi'dente]
briga (~ de rua)	rissa (f)	['rissa]
Socorro!	Aiuto!	[a'juto]
vítima (f)	vittima (f)	['vittima]
danificar (vt)	danneggiare (vt)	[danne'dʒare]
dano (m)	danno (m)	['danno]
cadáver (m)	cadavere (m)	[ka'davere]
grave	grave	['grave]
atacar (vt)	aggredire (vt)	[aggre'dire]
bater (espancar)	picchiare (vt)	[pik'kjare]
espancar (vt)	picchiare (vt)	[pik'kjare]
tirar, roubar (dinheiro)	sottrarre (vt)	[sot'trarre]
esfaquear (vt)	accoltellare a morte	[akkolte'lare a 'morte]
mutilar (vt)	mutilare (vt)	[muti'lare]
ferir (vt)	ferire (vt)	[fe'rire]
chantagem (f)	ricatto (m)	[ri'katto]
chantagear (vt)	ricattare (vt)	[rikat'tare]

chantagista (m)	ricattatore (m)	[rikatta'tore]
extorsão	estorsione (f)	[estor'sjone]
(em troca de proteção)		
extorsionário (m)	estorsore (m)	[estor'sore]
gângster (m)	gangster (m)	['gangster]
máfia (f)	mafia (f)	['mafia]
carteirista (m)	borseggiatore (m)	[borsedʒa'tore]
assaltante, ladrão (m)	scassinatore (m)	[skassina'tore]
contrabando (m)	contrabbando (m)	[kontrab'bando]
contrabandista (m)	contrabbandiere (m)	[kontrabban'djere]
falsificação (f)	falsificazione (f)	[falsifika'tsjone]
falsificar (vt)	falsificare (vt)	[falsifi'kare]
falsificado	falso, falsificato	['falso], [falsifi'kato]

119. Viloação da lei. Criminosos. Parte 2

violação (f)	stupro (m)	['stupro]
violar (vt)	stuprare (vt)	[stu'prare]
violador (m)	stupratore (m)	[stupra'tore]
maníaco (m)	maniaco (m)	[ma'njako]
prostituta (f)	prostituta (f)	[prosti'tuta]
prostituição (f)	prostituzione (f)	[prostitu'tsjone]
chulo (m)	magnaccia (m)	[ma'ɲatʃa]
toxicodependente (m)	drogato (m)	[dro'gato]
traficante (m)	trafficante (m) di droga	[traffi'kante di 'droga]
explodir (vt)	far esplodere	[far e'splodere]
explosão (f)	esplosione (f)	[esplo'zjone]
incendiar (vt)	incendiare (vt)	[intʃen'djare]
incendiário (m)	incendiario (m)	[intʃen'djario]
terrorismo (m)	terrorismo (m)	[terro'rizmo]
terrorista (m)	terrorista (m)	[terro'rista]
refém (m)	ostaggio (m)	[os'tadʒo]
enganar (vt)	imbrogliare (vt)	[imbroʎ'ʎare]
engano (m)	imbroglio (m)	[im'broʎʎo]
vigarista (m)	imbroglione (m)	[imbroʎ'ʎone]
subornar (vt)	corrompere (vt)	[kor'rompere]
suborno (atividade)	corruzione (f)	[korru'tsjone]
suborno (dinheiro)	bustarella (f)	[busta'rella]
veneno (m)	veleno (m)	[ve'leno]
envenenar (vt)	avvelenare (vt)	[avvele'nare]
envenenar-se (vr)	avvelenarsi (vr)	[avvele'narsi]
suicídio (m)	suicidio (m)	[sui'tʃidio]
suicida (m)	suicida (m)	[sui'tʃida]
ameaçar (vt)	minacciare (vt)	[mina'tʃare]

ameaça (f)	minaccia (f)	[mi'natʃa]
atentar contra a vida de ...	attentare (vi)	[atten'tare]
atentado (m)	attentato (m)	[atten'tato]
roubar (o carro)	rubare (vt)	[ru'bare]
desviar (o avião)	dirottare (vt)	[dirot'tare]
vingança (f)	vendetta (f)	[ven'detta]
vingar (vt)	vendicare (vt)	[vendi'kare]
torturar (vt)	torturare (vt)	[tortu'rare]
tortura (f)	tortura (f)	[tor'tura]
atormentar (vt)	maltrattare (vt)	[maltrat'tare]
pirata (m)	pirata (m)	[pi'rata]
desordeiro (m)	teppista (m)	[tep'pista]
armado	armato	[ar'mato]
violência (f)	violenza (f)	[vio'lentsa]
ilegal	illegale	[ille'gale]
espionagem (f)	spionaggio (m)	[spio'nadʒo]
espionar (vi)	spiare (vi)	[spi'are]

120. Polícia. Lei. Parte 1

justiça (f)	giustizia (f)	[dʒu'stitsia]
tribunal (m)	tribunale (m)	[tribu'nale]
juiz (m)	giudice (m)	['dʒuditʃe]
jurados (m pl)	giurati (m)	[dʒu'rati]
tribunal (m) do júri	processo (m) con giuria	[pro'tʃesso kon dʒu'ria]
julgar (vt)	giudicare (vt)	[dʒudi'kare]
advogado (m)	avvocato (m)	[avvo'kato]
réu (m)	imputato (m)	[impu'tato]
banco (m) dos réus	banco (m) degli imputati	['banko 'deʎʎi impu'tati]
acusação (f)	accusa (f)	[ak'kuza]
acusado (m)	accusato (m)	[akku'zato]
sentença (f)	condanna (f)	[kon'danna]
sentenciar (vt)	condannare (vt)	[kondan'nare]
culpado (m)	colpevole (m)	[kol'pevole]
punir (vt)	punire (vt)	[pu'nire]
punição (f)	punizione (f)	[puni'tsjone]
multa (f)	multa (f), ammenda (f)	['multa], [am'menda]
prisão (f) perpétua	ergastolo (m)	[er'gastolo]
pena (f) de morte	pena (f) di morte	['pena di 'morte]
cadeira (f) elétrica	sedia (f) elettrica	['sedia e'lettrika]
forca (f)	impiccagione (f)	[impikka'dʒone]
executar (vt)	giustiziare (vt)	[dʒusti'tsjare]
execução (f)	esecuzione (f)	[ezeku'tsjone]

prisão (f)	prigione (f)	[pri'dʒone]
cela (f) de prisão	cella (f)	['tʃella]
escolta (f)	scorta (f)	['skorta]
guarda (m) prisional	guardia (f) carceraria	['gwardia kartʃe'raria]
preso (m)	prigioniero (m)	[pridʒo'njero]
algemas (f pl)	manette (f pl)	[ma'nette]
algemar (vt)	mettere le manette	['mettere le ma'nette]
fuga, evasão (f)	fuga (f)	['fuga]
fugir (vi)	fuggire (vi)	[fu'dʒire]
desaparecer (vi)	scomparire (vi)	[skompa'rire]
soltar, libertar (vt)	liberare (vt)	[libe'rare]
amnistia (f)	amnistia (f)	[amni'stia]
polícia (instituição)	polizia (f)	[poli'tsia]
polícia (m)	poliziotto (m)	[poli'tsjotto]
esquadra (f) de polícia	commissariato (m)	[kommissa'rjato]
cassetete (m)	manganello (m)	[manga'nello]
megafone (m)	altoparlante (m)	[altopar'lante]
carro (m) de patrulha	macchina (f) di pattuglia	['makkina di pat'tuʎʎa]
sirene (f)	sirena (f)	[si'rena]
ligar a sirene	mettere la sirena	['mettere la si'rena]
toque (m) da sirene	suono (m) della sirena	[su'ono 'della si'rena]
cena (f) do crime	luogo (m) del crimine	[lu'ogo del 'krimine]
testemunha (f)	testimone (m)	[testi'mone]
liberdade (f)	libertà (f)	[liber'ta]
cúmplice (m)	complice (m)	['komplitʃe]
escapar (vi)	fuggire (vi)	[fu'dʒire]
traço (não deixar ~s)	traccia (f)	['tratʃa]

121. Polícia. Lei. Parte 2

procura (f)	ricerca (f)	[ri'tʃerka]
procurar (vt)	cercare (vt)	[tʃer'kare]
suspeita (f)	sospetto (m)	[so'spetto]
suspeito	sospetto	[so'spetto]
parar (vt)	fermare (vt)	[fer'mare]
deter (vt)	arrestare	[arre'stare]
caso (criminal)	causa (f)	['kauza]
investigação (f)	inchiesta (f)	[in'kjesta]
detetive (m)	detective (m)	[de'tektiv]
investigador (m)	investigatore (m)	[investiga'tore]
versão (f)	versione (f)	[ver'sjone]
motivo (m)	movente (m)	[mo'vente]
interrogatório (m)	interrogatorio (m)	[interroga'torio]
interrogar (vt)	interrogare (vt)	[interro'gare]
questionar (vt)	interrogare (vt)	[interro'gare]
verificação (f)	controllo (m)	[kon'trollo]

batida (f) policial	retata (f)	[re'tata]
busca (f)	perquisizione (f)	[perkwizi'tsjone]
perseguição (f)	inseguimento (m)	[insegwi'mento]
perseguir (vt)	inseguire (vt)	[inse'gwire]
seguir (vt)	essere sulle tracce	['essere sulle 'tratʃe]
prisão (f)	arresto (m)	[ar'resto]
prender (vt)	arrestare	[arre'stare]
pegar, capturar (vt)	catturare (vt)	[kattu'rare]
captura (f)	cattura (f)	[kat'tura]
documento (m)	documento (m)	[doku'mento]
prova (f)	prova (f)	['prova]
provar (vt)	provare (vt)	[pro'vare]
pegada (f)	impronta (f) del piede	[im'pronta del 'pjede]
impressões (f pl) digitais	impronte (f pl) digitali	[im'pronte diʤi'tali]
prova (f)	elemento (m) di prova	[ele'mento di 'prova]
álibi (m)	alibi (m)	['alibi]
inocente	innocente	[inno'tʃente]
injustiça (f)	ingiustizia (f)	[inʤu'stitsia]
injusto	ingiusto	[in'ʤusto]
criminal	criminale	[krimi'nale]
confiscar (vt)	confiscare (vt)	[konfis'kare]
droga (f)	droga (f)	['droga]
arma (f)	armi (f pl)	['armi]
desarmar (vt)	disarmare (vt)	[dizar'mare]
ordenar (vt)	ordinare (vt)	[ordi'nare]
desaparecer (vi)	sparire (vi)	[spa'rire]
lei (f)	legge (f)	['leʤe]
legal	legale	[le'gale]
ilegal	illegale	[ille'gale]
responsabilidade (f)	responsabilità (f)	[responsabili'ta]
responsável	responsabile	[respon'sabile]

NATUREZA

A Terra. Parte 1

122. Espaço sideral

cosmos (m)	cosmo (m)	['kozmo]
cósmico	cosmico, spaziale	['kozmiko], [spa'tsjale]
espaço (m) cósmico	spazio (m) cosmico	['spatsio 'kozmiko]
mundo (m)	mondo (m)	['mondo]
universo (m)	universo (m)	[uni'verso]
galáxia (f)	galassia (f)	[ga'lassia]
estrela (f)	stella (f)	['stella]
constelação (f)	costellazione (f)	[kostella'tsjone]
planeta (m)	pianeta (m)	[pja'neta]
satélite (m)	satellite (m)	[sa'tellite]
meteorito (m)	meteorite (m)	[meteo'rite]
cometa (m)	cometa (f)	[ko'meta]
asteroide (m)	asteroide (m)	[aste'roide]
órbita (f)	orbita (f)	['orbita]
girar (vi)	ruotare (vi)	[ruo'tare]
atmosfera (f)	atmosfera (f)	[atmo'sfera]
Sol (m)	il Sole	[il 'sole]
Sistema (m) Solar	sistema (m) solare	[si'stema so'lare]
eclipse (m) solar	eclisse (f) solare	[e'klisse so'lare]
Terra (f)	la Terra	[la 'terra]
Lua (f)	la Luna	[la 'luna]
Marte (m)	Marte (m)	['marte]
Vénus (f)	Venere (f)	['venere]
Júpiter (m)	Giove (m)	['dʒove]
Saturno (m)	Saturno (m)	[sa'turno]
Mercúrio (m)	Mercurio (m)	[mer'kurio]
Urano (m)	Urano (m)	[u'rano]
Neptuno (m)	Nettuno (m)	[net'tuno]
Plutão (m)	Plutone (m)	[plu'tone]
Via Láctea (f)	Via (f) Lattea	['via 'lattea]
Ursa Maior (f)	Orsa (f) Maggiore	['orsa ma'dʒore]
Estrela Polar (f)	Stella (f) Polare	['stella po'lare]
marciano (m)	marziano (m)	[mar'tsjano]
extraterrestre (m)	extraterrestre (m)	[ekstrater'restre]

alienígena (m)	alieno (m)	[a'ljeno]
disco (m) voador	disco (m) volante	['disko vo'lante]
nave (f) espacial	nave (f) spaziale	['nave spa'tsjale]
estação (f) orbital	stazione (f) spaziale	[sta'tsjone spa'tsjale]
lançamento (m)	lancio (m)	['lantʃo]
motor (m)	motore (m)	[mo'tore]
bocal (m)	ugello (m)	[u'dʒello]
combustível (m)	combustibile (m)	[kombu'stibile]
cabine (f)	cabina (f) di pilotaggio	[ka'bina di pilo'tadʒio]
antena (f)	antenna (f)	[an'tenna]
vigia (f)	oblò (m)	[ob'lo]
bateria (f) solar	batteria (f) solare	[batte'ria so'lare]
traje (m) espacial	scafandro (m)	[ska'fandro]
imponderabilidade (f)	imponderabilità (f)	[imponderabili'ta]
oxigénio (m)	ossigeno (m)	[os'sidʒeno]
acoplagem (f)	aggancio (m)	[ag'gantʃo]
fazer uma acoplagem	agganciarsi (vr)	[aggan'tʃarsi]
observatório (m)	osservatorio (m)	[osserva'torio]
telescópio (m)	telescopio (m)	[tele'skopio]
observar (vt)	osservare (vt)	[osser'vare]
explorar (vt)	esplorare (vt)	[esplo'rare]

123. A Terra

Terra (f)	la Terra	[la 'terra]
globo terrestre (Terra)	globo (m) terrestre	['globo ter'restre]
planeta (m)	pianeta (m)	[pja'neta]
atmosfera (f)	atmosfera (f)	[atmo'sfera]
geografia (f)	geografia (f)	[dʒeogra'fia]
natureza (f)	natura (f)	[na'tura]
globo (mapa esférico)	mappamondo (m)	[mappa'mondo]
mapa (m)	carta (f) geografica	['karta dʒeo'grafika]
atlas (m)	atlante (m)	[a'tlante]
Europa (f)	Europa (f)	[eu'ropa]
Ásia (f)	Asia (f)	['azia]
África (f)	Africa (f)	['afrika]
Austrália (f)	Australia (f)	[au'stralia]
América (f)	America (f)	[a'merika]
América (f) do Norte	America (f) del Nord	[a'merika del nord]
América (f) do Sul	America (f) del Sud	[a'merika del sud]
Antártida (f)	Antartide (f)	[an'tartide]
Ártico (m)	Artico (m)	['artiko]

124. Pontos cardeais

norte (m)	nord (m)	[nord]
para norte	a nord	[a nord]
no norte	al nord	[al nord]
do norte	del nord	[del nord]
sul (m)	sud (m)	[sud]
para sul	a sud	[a sud]
no sul	al sud	[al sud]
do sul	del sud	[del sud]
oeste, ocidente (m)	ovest (m)	['ovest]
para oeste	a ovest	[a 'ovest]
no oeste	all'ovest	[all 'ovest]
ocidental	dell'ovest, occidentale	[dell 'ovest], [otʃiden'tale]
leste, oriente (m)	est (m)	[est]
para leste	a est	[a est]
no leste	all'est	[all 'est]
oriental	dell'est, orientale	[dell 'est], [orien'tale]

125. Mar. Oceano

mar (m)	mare (m)	['mare]
oceano (m)	oceano (m)	[o'tʃeano]
golfo (m)	golfo (m)	['golfo]
estreito (m)	stretto (m)	['stretto]
terra (f) firme	terra (f)	['terra]
continente (m)	continente (m)	[konti'nente]
ilha (f)	isola (f)	['izola]
península (f)	penisola (f)	[pe'nizola]
arquipélago (m)	arcipelago (m)	[artʃi'pelago]
baía (f)	baia (f)	['baja]
porto (m)	porto (m)	['porto]
lagoa (f)	laguna (f)	[la'guna]
cabo (m)	capo (m)	['kapo]
atol (m)	atollo (m)	[a'tollo]
recife (m)	scogliera (f)	[skoʎ'ʎera]
coral (m)	corallo (m)	[ko'rallo]
recife (m) de coral	barriera (f) corallina	[bar'rjera koral'lina]
profundo	profondo	[pro'fondo]
profundidade (f)	profondità (f)	[profondi'ta]
abismo (m)	abisso (m)	[a'bisso]
fossa (f) oceânica	fossa (f)	['fossa]
corrente (f)	corrente (f)	[kor'rente]
banhar (vt)	circondare (vt)	[tʃirkon'dare]
litoral (m)	litorale (m)	[lito'rale]

costa (f)	costa (f)	['kosta]
maré (f) alta	alta marea (f)	['alta ma'rea]
refluxo (m), maré (f) baixa	bassa marea (f)	['bassa ma'rea]
restinga (f)	banco (m) di sabbia	['banko di 'sabbia]
fundo (m)	fondo (m)	['fondo]
onda (f)	onda (f)	['onda]
crista (f) da onda	cresta (f) dell'onda	['kresta dell 'onda]
espuma (f)	schiuma (f)	['skjuma]
tempestade (f)	tempesta (f)	[tem'pesta]
furacão (m)	uragano (m)	[ura'gano]
tsunami (m)	tsunami (m)	[tsu'nami]
calmaria (f)	bonaccia (f)	[bo'natʃa]
calmo	tranquillo	[tran'kwillo]
polo (m)	polo (m)	['polo]
polar	polare	[po'lare]
latitude (f)	latitudine (f)	[lati'tudine]
longitude (f)	longitudine (f)	[londʒi'tudine]
paralela (f)	parallelo (m)	[paral'lelo]
equador (m)	equatore (m)	[ekwa'tore]
céu (m)	cielo (m)	['tʃelo]
horizonte (m)	orizzonte (m)	[orid'dzonte]
ar (m)	aria (f)	['aria]
farol (m)	faro (m)	['faro]
mergulhar (vi)	tuffarsi (vr)	[tuf'farsi]
afundar-se (vr)	affondare (vi)	[affon'dare]
tesouros (m pl)	tesori (m)	[te'zori]

126. Nomes de Mares e Oceanos

Oceano (m) Atlântico	Oceano (m) Atlantico	[o'tʃeano at'lantiko]
Oceano (m) Índico	Oceano (m) Indiano	[o'tʃeano indi'ano]
Oceano (m) Pacífico	Oceano (m) Pacifico	[o'tʃeano pa'tʃifiko]
Oceano (m) Ártico	mar (m) Glaciale Artico	[mar gla'tʃale 'artiko]
Mar (m) Negro	mar (m) Nero	[mar 'nero]
Mar (m) Vermelho	mar (m) Rosso	[mar 'rosso]
Mar (m) Amarelo	mar (m) Giallo	[mar 'dʒallo]
Mar (m) Branco	mar (m) Bianco	[mar 'bjanko]
Mar (m) Cáspio	mar (m) Caspio	[mar 'kaspio]
Mar (m) Morto	mar (m) Morto	[mar 'morto]
Mar (m) Mediterrâneo	mar (m) Mediterraneo	[mar mediter'raneo]
Mar (m) Egeu	mar (m) Egeo	[mar e'dʒeo]
Mar (m) Adriático	mar (m) Adriatico	[mar adri'atiko]
Mar (m) Arábico	mar (m) Arabico	[mar a'rabiko]
Mar (m) do Japão	mar (m) del Giappone	[mar del dʒap'pone]

Mar (m) de Bering	mare (m) di Bering	['mare di 'bering]
Mar (m) da China Meridional	mar (m) Cinese meridionale	[mar tʃi'neze meridio'nale]
Mar (m) de Coral	mar (m) dei Coralli	[mar 'dei ko'ralli]
Mar (m) de Tasman	mar (m) di Tasmania	[mar di taz'mania]
Mar (m) do Caribe	mar (m) dei Caraibi	[mar dei kara'ibi]
Mar (m) de Barents	mare (m) di Barents	['mare di 'barents]
Mar (m) de Kara	mare (m) di Kara	['mare di 'kara]
Mar (m) do Norte	mare (m) del Nord	['mare del nord]
Mar (m) Báltico	mar (m) Baltico	[mar 'baltiko]
Mar (m) da Noruega	mare (m) di Norvegia	['mare di nor'vedʒa]

127. Montanhas

montanha (f)	monte (m), montagna (f)	['monte], [mon'taɲa]
cordilheira (f)	catena (f) montuosa	[ka'tena montu'oza]
serra (f)	crinale (m)	[kri'nale]
cume (m)	cima (f)	['tʃima]
pico (m)	picco (m)	['pikko]
sopé (m)	piedi (m pl)	['pjede]
declive (m)	pendio (m)	[pen'dio]
vulcão (m)	vulcano (m)	[vul'kano]
vulcão (m) ativo	vulcano (m) attivo	[vul'kano at'tivo]
vulcão (m) extinto	vulcano (m) inattivo	[vul'kano inat'tivo]
erupção (f)	eruzione (f)	[eru'tsjone]
cratera (f)	cratere (m)	[kra'tere]
magma (m)	magma (m)	['magma]
lava (f)	lava (f)	['lava]
fundido (lava ~a)	fuso	['fuzo]
desfiladeiro (m)	canyon (m)	['kenjon]
garganta (f)	gola (f)	['gola]
fenda (f)	crepaccio (m)	[kre'patʃo]
precipício (m)	precipizio (m)	[pretʃi'pitsio]
passo, colo (m)	passo (m), valico (m)	['passo], ['valiko]
planalto (m)	altopiano (m)	[alto'pjano]
falésia (f)	falesia (f)	[fa'lezia]
colina (f)	collina (f)	[kol'lina]
glaciar (m)	ghiacciaio (m)	[gja'tʃajo]
queda (f) d'água	cascata (f)	[kas'kata]
géiser (m)	geyser (m)	['gejzer]
lago (m)	lago (m)	['lago]
planície (f)	pianura (f)	[pja'nura]
paisagem (f)	paesaggio (m)	[pae'zadʒo]
eco (m)	eco (f)	['eko]
alpinista (m)	alpinista (m)	[alpi'nista]

escalador (m)	scalatore (m)	[skala'tore]
conquistar (vt)	conquistare (vt)	[konkwi'stare]
subida, escalada (f)	scalata (f)	[ska'lata]

128. Nomes de montanhas

Alpes (m pl)	Alpi (f pl)	['alpi]
monte Branco (m)	Monte (m) Bianco	['monte 'bjanko]
Pirineus (m pl)	Pirenei (m pl)	[pire'nei]
Cárpatos (m pl)	Carpazi (m pl)	[kar'patsi]
montes (m pl) Urais	gli Urali (m pl)	[ʎi u'rali]
Cáucaso (m)	Caucaso (m)	['kaukazo]
Elbrus (m)	Monte (m) Elbrus	['monte 'elbrus]
Altai (m)	Monti (m pl) Altai	['monti al'taj]
Tian Shan (m)	Tien Shan (m)	[tjen 'ʃan]
Pamir (m)	Pamir (m)	[pa'mir]
Himalaias (m pl)	Himalaia (m)	[ima'laja]
monte (m) Everest	Everest (m)	['everest]
Cordilheira (f) dos Andes	Ande (f pl)	['ande]
Kilimanjaro (m)	Kilimangiaro (m)	[kiliman'dʒaro]

129. Rios

rio (m)	fiume (m)	['fjume]
fonte, nascente (f)	fonte (f)	['fonte]
leito (m) do rio	letto (m)	['letto]
bacia (f)	bacino (m)	[ba'tʃino]
desaguar no ...	sfociare nel ...	[sfo'tʃare nel]
afluente (m)	affluente (m)	[afflu'ente]
margem (do rio)	riva (f)	['riva]
corrente (f)	corrente (f)	[kor'rente]
rio abaixo	a valle	[a 'valle]
rio acima	a monte	[a 'monte]
inundação (f)	inondazione (f)	[inonda'tsjone]
cheia (f)	piena (f)	['pjena]
transbordar (vi)	straripare (vi)	[strari'pare]
inundar (vt)	inondare (vt)	[inon'dare]
banco (m) de areia	secca (f)	['sekka]
rápidos (m pl)	rapida (f)	['rapida]
barragem (f)	diga (f)	['diga]
canal (m)	canale (m)	[ka'nale]
reservatório (m) de água	bacino (m) di riserva	[ba'tʃino di ri'zerva]
eclusa (f)	chiusa (f)	['kjuza]
corpo (m) de água	bacino (m) idrico	[ba'tʃino 'idriko]

pântano (m)	palude (f)	[pa'lude]
tremedal (m)	pantano (m)	[pan'tano]
remoinho (m)	vortice (m)	['vortitʃe]
arroio, regato (m)	ruscello (m)	[ru'ʃello]
potável	potabile	[po'tabile]
doce (água)	dolce	['doltʃe]
gelo (m)	ghiaccio (m)	['gjatʃo]
congelar-se (vr)	ghiacciarsi (vr)	[gja'tʃarsi]

130. Nomes de rios

rio Sena (m)	Senna (f)	['senna]
rio Loire (m)	Loira (f)	['loira]
rio Tamisa (m)	Tamigi (m)	[ta'midʒi]
rio Reno (m)	Reno (m)	['reno]
rio Danúbio (m)	Danubio (m)	[da'nubio]
rio Volga (m)	Volga (m)	['volga]
rio Don (m)	Don (m)	[don]
rio Lena (m)	Lena (f)	['lena]
rio Amarelo (m)	Fiume (m) Giallo	['fjume 'dʒallo]
rio Yangtzé (m)	Fiume (m) Azzurro	['fjume ad'dzurro]
rio Mekong (m)	Mekong (m)	[me'kong]
rio Ganges (m)	Gange (m)	['gandʒe]
rio Nilo (m)	Nilo (m)	['nilo]
rio Congo (m)	Congo (m)	['kongo]
rio Cubango (m)	Okavango	[oka'vango]
rio Zambeze (m)	Zambesi (m)	[dzam'bezi]
rio Limpopo (m)	Limpopo (m)	['limpopo]
rio Mississípi (m)	Mississippi (m)	[missis'sippi]

131. Floresta

floresta (f), bosque (m)	foresta (f)	[fo'resta]
florestal	forestale	[fores'tale]
mata (f) cerrada	foresta (f) fitta	[fo'resta 'fitta]
arvoredo (m)	boschetto (m)	[bos'ketto]
clareira (f)	radura (f)	[ra'dura]
matagal (m)	roveto (m)	[ro'veto]
mato (m)	boscaglia (f)	[bos'kaʎʎa]
vereda (f)	sentiero (m)	[sen'tjero]
ravina (f)	calanco (m)	[ka'lanko]
árvore (f)	albero (m)	['albero]
folha (f)	foglia (f)	['foʎʎa]

folhagem (f)	fogliame (m)	[foʎ'ʎame]
queda (f) das folhas	caduta (f) delle foglie	[ka'duta 'delle 'foʎʎe]
cair (vi)	cadere (vi)	[ka'dere]
topo (m)	cima (f)	['tʃima]
ramo (m)	ramo (m), ramoscello (m)	['ramo], [ramo'ʃello]
galho (m)	ramo (m)	['ramo]
botão, rebento (m)	gemma (f)	['dʒemma]
agulha (f)	ago (m)	['ago]
pinha (f)	pigna (f)	['piɲa]
buraco (m) de árvore	cavità (f)	[kavi'ta]
ninho (m)	nido (m)	['nido]
toca (f)	tana (f)	['tana]
tronco (m)	tronco (m)	['tronko]
raiz (f)	radice (f)	[ra'ditʃe]
casca (f) de árvore	corteccia (f)	[kor'tetʃa]
musgo (m)	musco (m)	['musko]
arrancar pela raiz	sradicare (vt)	[zradi'kare]
cortar (vt)	abbattere (vt)	[ab'battere]
desflorestar (vt)	disboscare (vt)	[dizbo'skare]
toco, cepo (m)	ceppo (m)	['tʃeppo]
fogueira (f)	falò (m)	[fa'lo]
incêndio (m) florestal	incendio (m) boschivo	[in'tʃendio bos'kivo]
apagar (vt)	spegnere (vt)	['speɲere]
guarda-florestal (m)	guardia (f) forestale	['gwardia fores'tale]
proteção (f)	protezione (f)	[prote'tsjone]
proteger (a natureza)	proteggere (vt)	[pro'tedʒere]
caçador (m) furtivo	bracconiere (m)	[brakko'njere]
armadilha (f)	tagliola (f)	[taʎ'ʎoʎa]
colher (cogumelos, bagas)	raccogliere (vt)	[rak'koʎʎere]
perder-se (vr)	perdersi (vr)	['perdersi]

132. Recursos naturais

recursos (m pl) naturais	risorse (f pl) naturali	[ri'sorse natu'rali]
minerais (m pl)	minerali (m pl)	[mine'rali]
depósitos (m pl)	deposito (m)	[de'pozito]
jazida (f)	giacimento (m)	[dʒatʃi'mento]
extrair (vt)	estrarre (vt)	[e'strarre]
extração (f)	estrazione (f)	[estra'tsjone]
minério (m)	minerale (m) grezzo	[mine'rale 'greddzo]
mina (f)	miniera (f)	[mi'njera]
poço (m) de mina	pozzo (m) di miniera	['pottso di mi'njera]
mineiro (m)	minatore (m)	[mina'tore]
gás (m)	gas (m)	[gas]
gasoduto (m)	gasdotto (m)	[gas'dotto]

petróleo (m)	petrolio (m)	[pe'trolio]
oleoduto (m)	oleodotto (m)	[oleo'dotto]
poço (m) de petróleo	torre (f) di estrazione	['torre di estra'tsjone]
torre (f) petrolífera	torre (f) di trivellazione	['torre di trivella'tsjone]
petroleiro (m)	petroliera (f)	[petro'ljera]
areia (f)	sabbia (f)	['sabbia]
calcário (m)	calcare (m)	[kal'kare]
cascalho (m)	ghiaia (f)	['gjaja]
turfa (f)	torba (f)	['torba]
argila (f)	argilla (f)	[ar'dʒilla]
carvão (m)	carbone (m)	[kar'bone]
ferro (m)	ferro (m)	['ferro]
ouro (m)	oro (m)	['oro]
prata (f)	argento (m)	[ar'dʒento]
níquel (m)	nichel (m)	['nikel]
cobre (m)	rame (m)	['rame]
zinco (m)	zinco (m)	['dzinko]
manganês (m)	manganese (m)	[manga'neze]
mercúrio (m)	mercurio (m)	[mer'kurio]
chumbo (m)	piombo (m)	['pjombo]
mineral (m)	minerale (m)	[mine'rale]
cristal (m)	cristallo (m)	[kris'tallo]
mármore (m)	marmo (m)	['marmo]
urânio (m)	uranio (m)	[u'ranio]

A Terra. Parte 2

133. Tempo

tempo (m)	tempo (m)	['tempo]
previsão (f) do tempo	previsione (f) del tempo	[previ'zjone del 'tempo]
temperatura (f)	temperatura (f)	[tempera'tura]
termómetro (m)	termometro (m)	[ter'mometro]
barómetro (m)	barometro (m)	[ba'rometro]
húmido	umido	['umido]
humidade (f)	umidità (f)	[umidi'ta]
calor (m)	caldo (m), afa (f)	['kaldo], ['afa]
cálido	molto caldo	['molto 'kaldo]
está muito calor	fa molto caldo	[fa 'molto 'kaldo]
está calor	fa caldo	[fa 'kaldo]
quente	caldo	['kaldo]
está frio	fa freddo	[fa 'freddo]
frio	freddo	['freddo]
sol (m)	sole (m)	['sole]
brilhar (vi)	splendere (vi)	['splendere]
de sol, ensolarado	di sole	[di 'sole]
nascer (vi)	levarsi (vr)	[le'varsi]
pôr-se (vr)	tramontare (vi)	[tramon'tare]
nuvem (f)	nuvola (f)	['nuvola]
nublado	nuvoloso	[nuvo'lozo]
nuvem (f) preta	nube (f) di pioggia	['nube di 'pjodʒa]
escuro, cinzento	nuvoloso	[nuvo'lozo]
chuva (f)	pioggia (f)	['pjodʒa]
está a chover	piove	['pjove]
chuvoso	piovoso	[pjo'vozo]
chuviscar (vi)	piovigginare (vi)	[pjovidʒi'nare]
chuva (f) torrencial	pioggia (f) torrenziale	['pjodʒa torren'tsjale]
chuvada (f)	acquazzone (m)	[akwat'tsone]
forte (chuva)	forte	['forte]
poça (f)	pozzanghera (f)	[pot'tsangera]
molhar-se (vr)	bagnarsi (vr)	[ba'ɲarsi]
nevoeiro (m)	foschia (f), nebbia (f)	[fos'kia], ['nebbia]
de nevoeiro	nebbioso	[neb'bjozo]
neve (f)	neve (f)	['neve]
está a nevar	nevica	['nevika]

134. Tempo extremo. Catástrofes naturais

trovoada (f)	temporale (m)	[tempo'rale]
relâmpago (m)	fulmine (f)	['fulmine]
relampejar (vi)	lampeggiare (vi)	[lampe'dʒare]
trovão (m)	tuono (m)	[tu'ono]
trovejar (vi)	tuonare (vi)	[tuo'nare]
está a trovejar	tuona	[tu'ona]
granizo (m)	grandine (f)	['grandine]
está a cair granizo	grandina	['grandina]
inundar (vt)	inondare (vt)	[inon'dare]
inundação (f)	inondazione (f)	[inonda'tsjone]
terremoto (m)	terremoto (m)	[terre'moto]
abalo, tremor (m)	scossa (f)	['skossa]
epicentro (m)	epicentro (m)	[epi'tʃentro]
erupção (f)	eruzione (f)	[eru'tsjone]
lava (f)	lava (f)	['lava]
turbilhão (m)	tromba (f) d'aria	['tromba 'daria]
tornado (m)	tornado (m)	[tor'nado]
tufão (m)	tifone (m)	[ti'fone]
furacão (m)	uragano (m)	[ura'gano]
tempestade (f)	tempesta (f)	[tem'pesta]
tsunami (m)	tsunami (m)	[tsu'nami]
ciclone (m)	ciclone (m)	[tʃi'klone]
mau tempo (m)	maltempo (m)	[mal'tempo]
incêndio (m)	incendio (m)	[in'tʃendio]
catástrofe (f)	disastro (m)	[di'zastro]
meteorito (m)	meteorite (m)	[meteo'rite]
avalanche (f)	valanga (f)	[va'langa]
deslizamento (m) de neve	slavina (f)	[zla'vina]
nevasca (f)	tempesta (f) di neve	[tem'pesta di 'neve]
tempestade (f) de neve	bufera (f) di neve	['bufera di 'neve]

Fauna

135. Mamíferos. Predadores

predador (m)	predatore (m)	[preda'tore]
tigre (m)	tigre (f)	['tigre]
leão (m)	leone (m)	[le'one]
lobo (m)	lupo (m)	['lupo]
raposa (f)	volpe (m)	['volpe]
jaguar (m)	giaguaro (m)	[dʒa'gwaro]
leopardo (m)	leopardo (m)	[leo'pardo]
chita (f)	ghepardo (m)	[ge'pardo]
pantera (f)	pantera (f)	[pan'tera]
puma (m)	puma (f)	['puma]
leopardo-das-neves (m)	leopardo (m) delle nevi	[leo'pardo 'delle 'nevi]
lince (m)	lince (f)	['lintʃe]
coiote (m)	coyote (m)	[ko'jote]
chacal (m)	sciacallo (m)	[ʃa'kallo]
hiena (f)	iena (f)	['jena]

136. Animais selvagens

animal (m)	animale (m)	[ani'male]
besta (f)	bestia (f)	['bestia]
esquilo (m)	scoiattolo (m)	[sko'jattolo]
ouriço (m)	riccio (m)	['ritʃo]
lebre (f)	lepre (f)	['lepre]
coelho (m)	coniglio (m)	[ko'niʎʎo]
texugo (m)	tasso (m)	['tasso]
guaxinim (m)	procione (f)	[pro'tʃone]
hamster (m)	criceto (m)	[kri'tʃeto]
marmota (f)	marmotta (f)	[mar'motta]
toupeira (f)	talpa (f)	['talpa]
rato (m)	topo (m)	['topo]
ratazana (f)	ratto (m)	['ratto]
morcego (m)	pipistrello (m)	[pipi'strello]
arminho (m)	ermellino (m)	[ermel'lino]
zibelina (f)	zibellino (m)	[dzibel'lino]
marta (f)	martora (f)	['martora]
doninha (f)	donnola (f)	['donnola]
vison (m)	visone (m)	[vi'zone]

castor (m)	castoro (m)	[kas'toro]
lontra (f)	lontra (f)	['lontra]
cavalo (m)	cavallo (m)	[ka'vallo]
alce (m)	alce (m)	['altʃe]
veado (m)	cervo (m)	['tʃervo]
camelo (m)	cammello (m)	[kam'mello]
bisão (m)	bisonte (m) americano	[bi'zonte ameri'kano]
auroque (m)	bisonte (m) europeo	[bi'zonte euro'peo]
búfalo (m)	bufalo (m)	['bufalo]
zebra (f)	zebra (f)	['dzebra]
antílope (m)	antilope (f)	[an'tilope]
corça (f)	capriolo (m)	[kapri'olo]
gamo (m)	daino (m)	['daino]
camurça (f)	camoscio (m)	[ka'moʃo]
javali (m)	cinghiale (m)	[tʃin'gjale]
baleia (f)	balena (f)	[ba'lena]
foca (f)	foca (f)	['foka]
morsa (f)	tricheco (m)	[tri'keko]
urso-marinho (m)	otaria (f)	[o'taria]
golfinho (m)	delfino (m)	[del'fino]
urso (m)	orso (m)	['orso]
urso (m) branco	orso (m) bianco	['orso 'bjanko]
panda (m)	panda (m)	['panda]
macaco (em geral)	scimmia (f)	['ʃimmia]
chimpanzé (m)	scimpanzè (m)	[ʃimpan'dze]
orangotango (m)	orango (m)	[o'rango]
gorila (m)	gorilla (m)	[go'rilla]
macaco (m)	macaco (m)	[ma'kako]
gibão (m)	gibbone (m)	[dʒib'bone]
elefante (m)	elefante (m)	[ele'fante]
rinoceronte (m)	rinoceronte (m)	[rinotʃe'ronte]
girafa (f)	giraffa (f)	[dʒi'raffa]
hipopótamo (m)	ippopotamo (m)	[ippo'potamo]
canguru (m)	canguro (m)	[kan'guro]
coala (m)	koala (f)	[ko'ala]
mangusto (m)	mangusta (f)	[man'gusta]
chinchila (m)	cincillà (f)	[tʃintʃil'la]
doninha-fedorenta (f)	moffetta (f)	[mof'fetta]
porco-espinho (m)	istrice (m)	['istritʃe]

137. Animais domésticos

gata (f)	gatta (f)	['gatta]
gato (m) macho	gatto (m)	['gatto]
cão (m)	cane (m)	['kane]

cavalo (m)	cavallo (m)	[ka'vallo]
garanhão (m)	stallone (m)	[stal'lone]
égua (f)	giumenta (f)	[dʒu'menta]
vaca (f)	mucca (f)	['mukka]
touro (m)	toro (m)	['toro]
boi (m)	bue (m)	['bue]
ovelha (f)	pecora (f)	['pekora]
carneiro (m)	montone (m)	[mon'tone]
cabra (f)	capra (f)	['kapra]
bode (m)	caprone (m)	[kap'rone]
burro (m)	asino (m)	['azino]
mula (f)	mulo (m)	['mulo]
porco (m)	porco (m)	['porko]
leitão (m)	porcellino (m)	[portʃel'lino]
coelho (m)	coniglio (m)	[ko'niʎʎo]
galinha (f)	gallina (f)	[gal'lina]
galo (m)	gallo (m)	['gallo]
pata (f)	anatra (f)	['anatra]
pato (macho)	maschio (m) dell'anatra	['maskio dell 'anatra]
ganso (m)	oca (f)	['oka]
peru (m)	tacchino (m)	[tak'kino]
perua (f)	tacchina (f)	[tak'kina]
animais (m pl) domésticos	animali (m pl) domestici	[ani'mali do'mestitʃi]
domesticado	addomesticato	[addomesti'kato]
domesticar (vt)	addomesticare (vt)	[addomesti'kare]
criar (vt)	allevare (vt)	[alle'vare]
quinta (f)	fattoria (f)	[fatto'ria]
aves (f pl) domésticas	pollame (m)	[pol'lame]
gado (m)	bestiame (m)	[bes'tjame]
rebanho (m), manada (f)	branco (m), mandria (f)	['branko], ['mandria]
estábulo (m)	scuderia (f)	[skude'ria]
pocilga (f)	porcile (m)	[por'tʃile]
estábulo (m)	stalla (f)	['stalla]
coelheira (f)	conigliera (f)	[koniʎ'ʎera]
galinheiro (m)	pollaio (m)	[pol'lajo]

138. Pássaros

pássaro (m), ave (f)	uccello (m)	[u'tʃello]
pombo (m)	colombo (m), piccione (m)	[kolombo], [pi'tʃone]
pardal (m)	passero (m)	['passero]
chapim-real (m)	cincia (f)	['tʃintʃa]
pega-rabuda (f)	gazza (f)	['gattsa]
corvo (m)	corvo (m)	['korvo]

gralha (f) cinzenta	cornacchia (f)	[kor'nakkia]
gralha-de-nuca-cinzenta (f)	taccola (f)	['takkola]
gralha-calva (f)	corvo (m) nero	['korvo 'nero]
pato (m)	anatra (f)	['anatra]
ganso (m)	oca (f)	['oka]
faisão (m)	fagiano (m)	[fa'dʒano]
águia (f)	aquila (f)	['akwila]
açor (m)	astore (m)	[a'store]
falcão (m)	falco (m)	['falko]
abutre (m)	grifone (m)	[gri'fone]
condor (m)	condor (m)	['kondor]
cisne (m)	cigno (m)	['tʃiɲo]
grou (m)	gru (f)	[gru]
cegonha (f)	cicogna (f)	[tʃi'koɲa]
papagaio (m)	pappagallo (m)	[pappa'gallo]
beija-flor (m)	colibrì (m)	[koli'bri]
pavão (m)	pavone (m)	[pa'vone]
avestruz (m)	struzzo (m)	['struttso]
garça (f)	airone (m)	[ai'rone]
flamingo (m)	fenicottero (m)	[feni'kottero]
pelicano (m)	pellicano (m)	[pelli'kano]
rouxinol (m)	usignolo (m)	[uzi'ɲolo]
andorinha (f)	rondine (f)	['rondine]
tordo-zornal (m)	tordo (m)	['tordo]
tordo-músico (m)	tordo (m) sasello	['tordo sa'zello]
melro-preto (m)	merlo (m)	['merlo]
andorinhão (m)	rondone (m)	[ron'done]
cotovia (f)	allodola (f)	[al'lodola]
codorna (f)	quaglia (f)	['kwaʎʎa]
pica-pau (m)	picchio (m)	['pikkio]
cuco (m)	cuculo (m)	['kukulo]
coruja (f)	civetta (f)	[tʃi'vetta]
corujão, bufo (m)	gufo (m) reale	['gufo re'ale]
tetraz-grande (m)	urogallo (m)	[uro'gallo]
tetraz-lira (m)	fagiano (m) di monte	[fa'dʒano di 'monte]
perdiz-cinzenta (f)	pernice (f)	[per'nitʃe]
estorninho (m)	storno (m)	['storno]
canário (m)	canarino (m)	[kana'rino]
galinha-do-mato (f)	francolino (m) di monte	[franko'lino di 'monte]
tentilhão (m)	fringuello (m)	[frin'gwello]
dom-fafe (m)	ciuffolotto (m)	[tʃuffo'lotto]
gaivota (f)	gabbiano (m)	[gab'bjano]
albatroz (m)	albatro (m)	['albatro]
pinguim (m)	pinguino (m)	[pin'gwino]

139. Peixes. Animais marinhos

brema (f)	abramide (f)	[a'bramide]
carpa (f)	carpa (f)	['karpa]
perca (f)	perca (f)	['perka]
siluro (m)	pesce (m) gatto	['peʃe 'gatto]
lúcio (m)	luccio (m)	['lutʃo]
salmão (m)	salmone (m)	[sal'mone]
esturjão (m)	storione (m)	[sto'rjone]
arenque (m)	aringa (f)	[a'ringa]
salmão (m)	salmone (m)	[sal'mone]
cavala, sarda (f)	scombro (m)	['skombro]
solha (f)	sogliola (f)	['soʎʎoʎa]
lúcio perca (m)	lucioperca (f)	[lutʃo'perka]
bacalhau (m)	merluzzo (m)	[mer'luttso]
atum (m)	tonno (m)	['tonno]
truta (f)	trota (f)	['trota]
enguia (f)	anguilla (f)	[an'gwilla]
raia elétrica (f)	torpedine (f)	[tor'pedine]
moreia (f)	murena (f)	[mu'rena]
piranha (f)	piranha, piragna (f)	[pi'rania]
tubarão (m)	squalo (m)	['skwalo]
golfinho (m)	delfino (m)	[del'fino]
baleia (f)	balena (f)	[ba'lena]
caranguejo (m)	granchio (m)	['graŋkio]
medusa, alforreca (f)	medusa (f)	[me'duza]
polvo (m)	polpo (m)	['polpo]
estrela-do-mar (f)	stella (f) marina	['stella ma'rina]
ouriço-do-mar (m)	riccio (m) di mare	['ritʃo di 'mare]
cavalo-marinho (m)	cavalluccio (m) marino	[kaval'lutʃo ma'rino]
ostra (f)	ostrica (f)	['ostrika]
camarão (m)	gamberetto (m)	[gambe'retto]
lavagante (m)	astice (m)	['astitʃe]
lagosta (f)	aragosta (f)	[ara'gosta]

140. Amfíbios. Répteis

serpente, cobra (f)	serpente (m)	[ser'pente]
venenoso	velenoso	[vele'nozo]
víbora (f)	vipera (f)	['vipera]
cobra-capelo, naja (f)	cobra (m)	['kobra]
pitão (m)	pitone (m)	[pi'tone]
jiboia (f)	boa (m)	['boa]
cobra-de-água (f)	biscia (f)	['biʃa]

cascavel (f)	serpente (m) a sonagli	[ser'pente a so'naʎʎi]
anaconda (f)	anaconda (f)	[ana'konda]
lagarto (m)	lucertola (f)	[lu'tʃertola]
iguana (f)	iguana (f)	[i'gwana]
varano (m)	varano (m)	[va'rano]
salamandra (f)	salamandra (f)	[sala'mandra]
camaleão (m)	camaleonte (m)	[kamale'onte]
escorpião (m)	scorpione (m)	[skor'pjone]
tartaruga (f)	tartaruga (f)	[tarta'ruga]
rã (f)	rana (f)	['rana]
sapo (m)	rospo (m)	['rospo]
crocodilo (m)	coccodrillo (m)	[kokko'drillo]

141. Insetos

inseto (m)	insetto (m)	[in'setto]
borboleta (f)	farfalla (f)	[far'falla]
formiga (f)	formica (f)	[for'mika]
mosca (f)	mosca (f)	['moska]
mosquito (m)	zanzara (f)	[dzan'dzara]
escaravelho (m)	scarabeo (m)	[skara'beo]
vespa (f)	vespa (f)	['vespa]
abelha (f)	ape (f)	['ape]
mamangava (f)	bombo (m)	['bombo]
moscardo (m)	tafano (m)	[ta'fano]
aranha (f)	ragno (m)	['raɲo]
teia (f) de aranha	ragnatela (f)	[raɲa'tela]
libélula (f)	libellula (f)	[li'bellula]
gafanhoto-do-campo (m)	cavalletta (f)	[kaval'letta]
traça (f)	farfalla (f) notturna	[far'falla not'turna]
barata (f)	scarafaggio (m)	[skara'fadʒo]
carraça (f)	zecca (f)	['tsekka]
pulga (f)	pulce (f)	['pultʃe]
borrachudo (m)	moscerino (m)	[moʃe'rino]
gafanhoto (m)	locusta (f)	[lo'kusta]
caracol (m)	lumaca (f)	[lu'maka]
grilo (m)	grillo (m)	['grillo]
pirilampo (m)	lucciola (f)	['lutʃola]
joaninha (f)	coccinella (f)	[kotʃi'nella]
besouro (m)	maggiolino (m)	[madʒo'lino]
sanguessuga (f)	sanguisuga (f)	[sangwi'zuga]
lagarta (f)	bruco (m)	['bruko]
minhoca (f)	verme (m)	['verme]
larva (f)	larva (m)	['larva]

Flora

142. Árvores

árvore (f)	albero (m)	['albero]
decídua	deciduo	[de'tʃiduo]
conífera	conifero	[ko'nifero]
perene	sempreverde	[sempre'verde]
macieira (f)	melo (m)	['melo]
pereira (f)	pero (m)	['pero]
cerejeira (f)	ciliegio (m)	[tʃi'ljedʒo]
ginjeira (f)	amareno (m)	[ama'reno]
ameixeira (f)	prugno (m)	['pruɲo]
bétula (f)	betulla (f)	[be'tulla]
carvalho (m)	quercia (f)	['kwertʃa]
tília (f)	tiglio (m)	['tiʎʎo]
choupo-tremedor (m)	pioppo (m) tremolo	['pjoppo 'tremolo]
bordo (m)	acero (m)	['atʃero]
espruce-europeu (m)	abete (m)	[a'bete]
pinheiro (m)	pino (m)	['pino]
alerce, lariço (m)	larice (m)	['laritʃe]
abeto (m)	abete (m) bianco	[a'bete 'bjanko]
cedro (m)	cedro (m)	['tʃedro]
choupo, álamo (m)	pioppo (m)	['pjoppo]
tramazeira (f)	sorbo (m)	['sorbo]
salgueiro (m)	salice (m)	['salitʃe]
amieiro (m)	alno (m)	['alno]
faia (f)	faggio (m)	['fadʒo]
ulmeiro (m)	olmo (m)	['olmo]
freixo (m)	frassino (m)	['frassino]
castanheiro (m)	castagno (m)	[ka'staɲo]
magnólia (f)	magnolia (f)	[ma'ɲolia]
palmeira (f)	palma (f)	['palma]
cipreste (m)	cipresso (m)	[tʃi'presso]
mangue (m)	mangrovia (f)	[man'growia]
embondeiro, baobá (m)	baobab (m)	[bao'bab]
eucalipto (m)	eucalipto (m)	[ewka'lipto]
sequoia (f)	sequoia (f)	[se'kwoja]

143. Arbustos

arbusto (m)	cespuglio (m)	[tʃes'puʎʎo]
arbusto (m), moita (f)	arbusto (m)	[ar'busto]

videira (f)	vite (f)	['vite]
vinhedo (m)	vigneto (m)	[vi'ɲeto]
framboeseira (f)	lampone (m)	[lam'pone]
groselheira-vermelha (f)	ribes (m) rosso	['ribes 'rosso]
groselheira (f) espinhosa	uva (f) spina	['uva 'spina]
acácia (f)	acacia (f)	[a'katʃa]
bérberis (f)	crespino (m)	[kres'pino]
jasmim (m)	gelsomino (m)	[dʒelso'mino]
junípero (m)	ginepro (m)	[dʒi'nepro]
roseira (f)	roseto (m)	[ro'zeto]
roseira (f) brava	rosa (f) canina	['roza ka'nina]

144. Frutos. Bagas

fruta (f)	frutto (m)	['frutto]
frutas (f pl)	frutti (m pl)	['frutti]
maçã (f)	mela (f)	['mela]
pera (f)	pera (f)	['pera]
ameixa (f)	prugna (f)	['pruɲa]
morango (m)	fragola (f)	['fragola]
ginja (f)	amarena (f)	[ama'rena]
cereja (f)	ciliegia (f)	[tʃi'ljedʒa]
uva (f)	uva (f)	['uva]
framboesa (f)	lampone (m)	[lam'pone]
groselha (f) preta	ribes (m) nero	['ribes 'nero]
groselha (f) vermelha	ribes (m) rosso	['ribes 'rosso]
groselha (f) espinhosa	uva (f) spina	['uva 'spina]
oxicoco (m)	mirtillo (m) di palude	[mir'tillo di pa'lude]
laranja (f)	arancia (f)	[a'rantʃa]
tangerina (f)	mandarino (m)	[manda'rino]
ananás (m)	ananas (m)	[ana'nas]
banana (f)	banana (f)	[ba'nana]
tâmara (f)	dattero (m)	['dattero]
limão (m)	limone (m)	[li'mone]
damasco (m)	albicocca (f)	[albi'kokka]
pêssego (m)	pesca (f)	['peska]
kiwi (m)	kiwi (m)	['kiwi]
toranja (f)	pompelmo (m)	[pom'pelmo]
baga (f)	bacca (f)	['bakka]
bagas (f pl)	bacche (f pl)	['bakke]
arando (m) vermelho	mirtillo (m) rosso	[mir'tillo 'rosso]
morango-silvestre (m)	fragola (f) di bosco	['fragola di 'bosko]
mirtilo (m)	mirtillo (m)	[mir'tillo]

145. Flores. Plantas

flor (f)	fiore (m)	['fjore]
ramo (m) de flores	mazzo (m) di fiori	['mattso di 'fjori]
rosa (f)	rosa (f)	['roza]
tulipa (f)	tulipano (m)	[tuli'pano]
cravo (m)	garofano (m)	[ga'rofano]
gladíolo (m)	gladiolo (m)	[gla'djolo]
centáurea (f)	fiordaliso (m)	[fjorda'lizo]
campânula (f)	campanella (f)	[kampa'nella]
dente-de-leão (m)	soffione (m)	[sof'fjone]
camomila (f)	camomilla (f)	[kamo'milla]
aloé (m)	aloe (m)	['aloe]
cato (m)	cactus (m)	['kaktus]
fícus (m)	ficus (m)	['fikus]
lírio (m)	giglio (m)	['dʒiʎʎo]
gerânio (m)	geranio (m)	[dʒe'ranio]
jacinto (m)	giacinto (m)	[dʒa'tʃinto]
mimosa (f)	mimosa (f)	[mi'moza]
narciso (m)	narciso (m)	[nar'tʃizo]
capuchinha (f)	nasturzio (m)	[na'sturtsio]
orquídea (f)	orchidea (f)	[orki'dea]
peónia (f)	peonia (f)	[pe'onia]
violeta (f)	viola (f)	[vi'ola]
amor-perfeito (m)	viola (f) del pensiero	[vi'ola del pen'sjero]
não-me-esqueças (m)	nontiscordardimé (m)	[non·ti·skordar·di'me]
margarida (f)	margherita (f)	[marge'rita]
papoula (f)	papavero (m)	[pa'pavero]
cânhamo (m)	canapa (f)	['kanapa]
hortelã (f)	menta (f)	['menta]
lírio-do-vale (m)	mughetto (m)	[mu'getto]
campânula-branca (f)	bucaneve (m)	[buka'neve]
urtiga (f)	ortica (f)	[or'tika]
azeda (f)	acetosa (f)	[atʃe'toza]
nenúfar (m)	ninfea (f)	[nin'fea]
feto (m), samambaia (f)	felce (f)	['feltʃe]
líquen (m)	lichene (m)	[li'kene]
estufa (f)	serra (f)	['serra]
relvado (m)	prato (m) erboso	['prato er'bozo]
canteiro (m) de flores	aiuola (f)	[aju'ola]
planta (f)	pianta (f)	['pjanta]
erva (f)	erba (f)	['erba]
folha (f) de erva	filo (m) d'erba	['filo 'derba]

folha (f)	foglia (f)	['foʎʎa]
pétala (f)	petalo (m)	['petalo]
talo (m)	stelo (m)	['stelo]
tubérculo (m)	tubero (m)	['tubero]
broto, rebento (m)	germoglio (m)	[dʒer'moʎʎo]
espinho (m)	spina (f)	['spina]
florescer (vi)	fiorire (vi)	[fjo'rire]
murchar (vi)	appassire (vi)	[appas'sire]
cheiro (m)	odore (m), profumo (m)	[o'dore], [pro'fumo]
cortar (flores)	tagliare (vt)	[taʎ'ʎare]
colher (uma flor)	cogliere (vt)	['koʎʎere]

146. Cereais, grãos

grão (m)	grano (m)	['grano]
cereais (plantas)	cereali (m pl)	[tʃere'ali]
espiga (f)	spiga (f)	['spiga]
trigo (m)	frumento (m)	[fru'mento]
centeio (m)	segale (f)	['segale]
aveia (f)	avena (f)	[a'vena]
milho-miúdo (m)	miglio (m)	['miʎʎo]
cevada (f)	orzo (m)	['ortso]
milho (m)	mais (m)	['mais]
arroz (m)	riso (m)	['rizo]
trigo-sarraceno (m)	grano (m) saraceno	['grano sara'tʃeno]
ervilha (f)	pisello (m)	[pi'zello]
feijão (m)	fagiolo (m)	[fa'dʒolo]
soja (f)	soia (f)	['soja]
lentilha (f)	lenticchie (f pl)	[len'tikkje]
fava (f)	fave (f pl)	['fave]

PAÍSES. NACIONALIDADES

147. Europa Ocidental

Europa (f)	Europa (f)	[eu'ropa]
União (f) Europeia	Unione (f) Europea	[uni'one euro'pea]
Áustria (f)	Austria (f)	['austria]
Grã-Bretanha (f)	Gran Bretagna (f)	[gran bre'taɲa]
Inglaterra (f)	Inghilterra (f)	[ingil'terra]
Bélgica (f)	Belgio (m)	['beldʒo]
Alemanha (f)	Germania (f)	[dʒer'mania]
Países (m pl) Baixos	Paesi Bassi (m pl)	[pa'ezi 'bassi]
Holanda (f)	Olanda (f)	[o'landa]
Grécia (f)	Grecia (f)	['gretʃa]
Dinamarca (f)	Danimarca (f)	[dani'marka]
Irlanda (f)	Irlanda (f)	[ir'landa]
Islândia (f)	Islanda (f)	[iz'landa]
Espanha (f)	Spagna (f)	['spaɲa]
Itália (f)	Italia (f)	[i'talia]
Chipre (m)	Cipro (m)	['tʃipro]
Malta (f)	Malta (f)	['malta]
Noruega (f)	Norvegia (f)	[nor'vedʒa]
Portugal (m)	Portogallo (f)	[porto'gallo]
Finlândia (f)	Finlandia (f)	[fin'landia]
França (f)	Francia (f)	['frantʃa]
Suécia (f)	Svezia (f)	['zvetsia]
Suíça (f)	Svizzera (f)	['zvittsera]
Escócia (f)	Scozia (f)	['skotsia]
Vaticano (m)	Vaticano (m)	[vati'kano]
Liechtenstein (m)	Liechtenstein (m)	['liktenstajn]
Luxemburgo (m)	Lussemburgo (m)	[lussem'burgo]
Mónaco (m)	Monaco (m)	['monako]

148. Europa Central e de Leste

Albânia (f)	Albania (f)	[alba'nia]
Bulgária (f)	Bulgaria (f)	[bulga'ria]
Hungria (f)	Ungheria (f)	[unge'ria]
Letónia (f)	Lettonia (f)	[let'tonia]
Lituânia (f)	Lituania (f)	[litu'ania]
Polónia (f)	Polonia (f)	[po'lonia]

Roménia (f)	Romania (f)	[roma'nia]
Sérvia (f)	Serbia (f)	['serbia]
Eslováquia (f)	Slovacchia (f)	[zlo'vakkia]

Croácia (f)	Croazia (f)	[kro'atsia]
República (f) Checa	Repubblica (f) Ceca	[re'pubblika 'tʃeka]
Estónia (f)	Estonia (f)	[es'tonia]

Bósnia e Herzegovina (f)	Bosnia-Erzegovina (f)	['boznia-ertse'govina]
Macedónia (f)	Macedonia (f)	[matʃe'donia]
Eslovénia (f)	Slovenia (f)	[zlo'venia]
Montenegro (m)	Montenegro (m)	[monte'negro]

149. Países da ex-URSS

| Azerbaijão (m) | Azerbaigian (m) | [azerbaj'dʒan] |
| Arménia (f) | Armenia (f) | [ar'menia] |

Bielorrússia (f)	Bielorussia (f)	[bjelo'russia]
Geórgia (f)	Georgia (f)	[dʒe'ordʒa]
Cazaquistão (m)	Kazakistan (m)	[ka'zakistan]
Quirguistão (m)	Kirghizistan (m)	[kir'gizistan]
Moldávia (f)	Moldavia (f)	[mol'davia]

| Rússia (f) | Russia (f) | ['russia] |
| Ucrânia (f) | Ucraina (f) | [uk'raina] |

Tajiquistão (m)	Tagikistan (m)	[ta'dʒikistan]
Turquemenistão (m)	Turkmenistan (m)	[turk'menistan]
Uzbequistão (f)	Uzbekistan (m)	[uz'bekistan]

150. Asia

Ásia (f)	Asia (f)	['azia]
Vietname (m)	Vietnam (m)	['vjetnam]
Índia (f)	India (f)	['india]
Israel (m)	Israele (m)	[izra'ele]

China (f)	Cina (f)	['tʃina]
Líbano (m)	Libano (m)	['libano]
Mongólia (f)	Mongolia (f)	[mo'ngolia]

| Malásia (f) | Malesia (f) | [ma'lezia] |
| Paquistão (m) | Pakistan (m) | ['pakistan] |

Arábia (f) Saudita	Arabia Saudita (f)	[a'rabia sau'dita]
Tailândia (f)	Tailandia (f)	[taj'landia]
Taiwan (m)	Taiwan (m)	[taj'van]
Turquia (f)	Turchia (f)	[tur'kia]
Japão (m)	Giappone (m)	[dʒap'pone]
Afeganistão (m)	Afghanistan (m)	[af'ganistan]
Bangladesh (m)	Bangladesh (m)	['bangladeʃ]

Indonésia (f)	**Indonesia** (f)	[indo'nezia]
Jordânia (f)	**Giordania** (f)	[dʒor'dania]
Iraque (m)	**Iraq** (m)	['irak]
Irão (m)	**Iran** (m)	['iran]
Camboja (f)	**Cambogia** (f)	[kam'bodʒa]
Kuwait (m)	**Kuwait** (m)	[ku'vejt]
Laos (m)	**Laos** (m)	['laos]
Myanmar (m), Birmânia (f)	**Birmania** (f)	[bir'mania]
Nepal (m)	**Nepal** (m)	[ne'pal]
Emirados Árabes Unidos	**Emirati** (m pl) **Arabi**	[emi'rati 'arabi]
Síria (f)	**Siria** (f)	['siria]
Palestina (f)	**Palestina** (f)	[pale'stina]
Coreia do Sul (f)	**Corea** (f) **del Sud**	[ko'rea del sud]
Coreia do Norte (f)	**Corea** (f) **del Nord**	[ko'rea del nord]

151. América do Norte

Estados Unidos da América	**Stati** (m pl) **Uniti d'America**	['stati u'niti da'merika]
Canadá (m)	**Canada** (m)	['kanada]
México (m)	**Messico** (m)	['messiko]

152. América Central do Sul

Argentina (f)	**Argentina** (f)	[ardʒen'tina]
Brasil (m)	**Brasile** (m)	[bra'zile]
Colômbia (f)	**Colombia** (f)	[ko'lombia]
Cuba (f)	**Cuba** (f)	['kuba]
Chile (m)	**Cile** (m)	['tʃile]
Bolívia (f)	**Bolivia** (f)	[bo'livia]
Venezuela (f)	**Venezuela** (f)	[venetsu'ela]
Paraguai (m)	**Paraguay** (m)	[para'gwaj]
Peru (m)	**Perù** (m)	[pe'ru]
Suriname (m)	**Suriname** (m)	[suri'name]
Uruguai (m)	**Uruguay** (m)	[uru'gwaj]
Equador (m)	**Ecuador** (m)	[ekva'dor]
Bahamas (f pl)	**le Bahamas**	[le ba'amas]
Haiti (m)	**Haiti** (m)	[a'iti]
República (f) Dominicana	**Repubblica** (f) **Dominicana**	[re'pubblika domini'kana]
Panamá (m)	**Panama** (m)	['panama]
Jamaica (f)	**Giamaica** (f)	[dʒa'majka]

153. Africa

Egito (m)	**Egitto** (m)	[e'dʒitto]
Marrocos	**Marocco** (m)	[ma'rokko]

Tunísia (f)	Tunisia (f)	[tuni'zia]
Gana (f)	Ghana (m)	['gana]
Zanzibar (m)	Zanzibar	['dzandzibar]
Quénia (f)	Kenya (m)	['kenia]
Líbia (f)	Libia (f)	['libia]
Madagáscar (m)	Madagascar (m)	[madagas'kar]
Namíbia (f)	Namibia (f)	[na'mibia]
Senegal (m)	Senegal (m)	[sene'gal]
Tanzânia (f)	Tanzania (f)	[tan'dzania]
África do Sul (f)	Repubblica (f) Sudafricana	[re'pubblika sudafri'kana]

154. Austrália. Oceania

Austrália (f)	Australia (f)	[au'stralia]
Nova Zelândia (f)	Nuova Zelanda (f)	[nu'ova dze'landa]
Tasmânia (f)	Tasmania (f)	[taz'mania]
Polinésia Francesa (f)	Polinesia (f) Francese	[poli'nezia fran'tʃeze]

155. Cidades

Amesterdão	Amsterdam	['amsterdam]
Ancara	Ankara	['ankara]
Atenas	Atene	[a'tene]
Bagdade	Baghdad	[bag'dad]
Banguecoque	Bangkok	[baŋ'kok]
Barcelona	Barcellona	[bartʃel'lona]
Beirute	Beirut	['bejrut]
Berlim	Berlino	[ber'lino]
Bombaim	Bombay, Mumbai	[bom'bej], [mum'baj]
Bona	Bonn	[bonn]
Bordéus	Bordeaux	[bor'do]
Bratislava	Bratislava	[brati'zlava]
Bruxelas	Bruxelles	[bruk'sel]
Bucareste	Bucarest	['bukarest]
Budapeste	Budapest	['budapest]
Cairo	Il Cairo	[il 'kairo]
Calcutá	Calcutta	[kal'kutta]
Chicago	Chicago	[tʃi'kago]
Cidade do México	Città del Messico	[tʃit'ta del 'messiko]
Copenhaga	Copenaghen	[kope'nagen]
Dar es Salaam	Dar es Salaam	[dar es sala'am]
Deli	Delhi	['deli]
Dubai	Dubai	[du'bai]
Dublin, Dublim	Dublino	[du'blino]
Düsseldorf	Düsseldorf	['dysseldorf]
Estocolmo	Stoccolma	[stok'kolma]

Florença	Firenze	[fi'rentse]
Frankfurt	Francoforte	[franko'forte]
Genebra	Ginevra	[dʒi'nevra]
Haia	L'Aia	['laja]
Hamburgo	Amburgo	[am'burgo]
Hanói	Hanoi	[a'noj]
Havana	L'Avana	[la'vana]
Helsínquia	Helsinki	['elsinki]
Hiroshima	Hiroshima	[iro'ʃima]
Hong Kong	Hong Kong	[on'kong]
Istambul	Istanbul	['istanbul]
Jerusalém	Gerusalemme	[dʒeruza'lemme]
Kiev	Kiev	['kiev]
Kuala Lumpur	Kuala Lumpur	[ku'ala 'lumpur]
Lisboa	Lisbona	[liz'bona]
Londres	Londra	['londra]
Los Angeles	Los Angeles	[los 'endʒeles]
Lion	Lione	[li'one]
Madrid	Madrid	[ma'drid]
Marselha	Marsiglia	[mar'siʎʎa]
Miami	Miami	[ma'jami]
Montreal	Montreal	[monre'al]
Moscovo	Mosca	['moska]
Munique	Monaco di Baviera	['monako di ba'vjera]
Nairóbi	Nairobi	[naj'robi]
Nápoles	Napoli	['napoli]
Nice	Nizza	['nittsa]
Nova York	New York	[nju 'jork]
Oslo	Oslo	['ozlo]
Ottawa	Ottawa	[ot'tava]
Paris	Parigi	[pa'ridʒi]
Pequim	Pechino	[pe'kino]
Praga	Praga	['praga]
Rio de Janeiro	Rio de Janeiro	['rio de ʒa'nejro]
Roma	Roma	['roma]
São Petersburgo	San Pietroburgo	[san pjetro'burgo]
Seul	Seoul	[se'ul]
Singapura	Singapore	[singa'pore]
Sydney	Sidney	[sid'nej]
Taipé	Taipei	[taj'pej]
Tóquio	Tokio	['tokio]
Toronto	Toronto	[to'ronto]
Varsóvia	Varsavia	[var'savia]
Veneza	Venezia	[ve'netsia]
Viena	Vienna	['vjenna]
Washington	Washington	['woʃinton]
Xangai	Shanghai	[ʃan'gaj]

www.ingramcontent.com/pod-product-compliance
Lightning Source LLC
Chambersburg PA
CBHW070603050426
42450CB00011B/2960